キレイを磨く!
美香のビューティ*野菜レシピ

一番最初にこの本のお話をいただいたとき、
お料理が苦手な方や初心者の方でも「お料理って楽しい！」と
思っていただけるようなレシピを
たくさん紹介できればと考えました。
同時に、農家の方々が愛情込めてつくった
野菜たちの魅力も伝えられたら…、と。

カラフルな野菜たちには見た目が可愛らしいだけでなく
私たちの健康と美容をサポートする成分を数多く含んでいます。
ヘルシーでビタミン、ミネラルたっぷりの野菜は
日々の食卓には欠かせません。

人生は一度きりだからこそ、
二度と戻らない「今」という時間を大切にして
思い切り健康に、元気に過ごしたいですよね。

そんな思いを込めて、
手軽につくれて体に嬉しい
栄養がたっぷり摂れる
レシピをたくさん考えました。
自分のため、家族のため、
愛する人のためにつくってみてください。

この本を通じて、ひとりでも多くの方が
笑顔になりますように！

Nao Tomono

2009年の3月に結婚して、
ひとり暮らしから二人暮らしになって
おうちにいる時間を大切にしたい
もっと料理を楽しみたい
もっともっと美味しいものをつくってみたい
そう、思う気持ちが強くなりました。

さらに、何気なく使っている大好きな野菜や食材が
体に良くて、美容にも良いならもっと嬉しい。
自然に無理なく続けられる、それも大切なポイントです。

この本には、そんな今の私にぴったりの
毎日食べても飽きない、シンプルで美味しい
「我が家の定番」にしたい
レシピがたくさん詰まっています。

これからも新しい料理にどんどん挑戦して
その美味しさを皆さんに伝えられたらと思います。
一緒にキレイを磨きましょう！

Contents

Chapter.1
春夏秋冬の野菜レシピ20

春野菜レシピ
- 10　菜の花の辛子あえ
- 10　揚げじゃがのバジルソース
- 12　春野菜のHOTサラダ
- 12　ピザ風新玉ねぎ
- 14　アスパラガスのチーズ春巻き

夏野菜レシピ
- 18　丸ごと！ズッキーニ
- 20　カプレーゼ
- 20　とうもろこしのクリーミーコロッケ
- 22　かぼちゃのサラダ
- 22　なすのタルタルサラダ

秋野菜レシピ
- 26　きのこたっぷり明太子パスタ
- 28　ベトナム風にんじんサラダ
- 28　さつまいものハニーマスタードあえ
- 30　しいたけの肉詰め
- 30　玉ねぎのチリソース炒め

冬野菜レシピ
- 34　たっぷりにらのナシゴレン
- 36　セロリとりんごのシャキシャキヨーグルトサラダ
- 36　芽きゃべつのココット
- 38　れんこんのきんぴら
- 38　ほうれん草の黒ごまあえ

Chapter.2
one weekランチと3つのおまけsweets

- 44　Monday
　　　サーモンサンドとブロッコリーのランチセット
- 46　Tuesday
　　　炊き込みご飯とおひたしの和風弁当
- 48　Wednesday
　　　ライ麦パンのグリーンサンドイッチ
- 50　Thursday
　　　玄米おにぎりとひじきの煮物のお弁当
- 52　Friday
　　　ミニ野菜ハンバーグとドライカレーのお弁当
- 54　Saturday
　　　ミニかぼちゃのグラタンと夏野菜のサラダ
- 56　Sunday
　　　ふわふわオムライスとオニオンサラダ

おまけレシピ
3つのVEGETABLE SWEETS
- 58　パンプキンプリン
- 60　さつまいもスティック
- 61　枝豆のフィナンシェ

Chapter.3
10種類のベジジュース

66	トマトと赤パプリカ、黄桃のミルキーシェーク
67	キウイと小松菜のグリーンジュース
68	ミニトマトとイチゴのカルピス
69	さつまいもとオレンジパプリカのオレンジジュースMIX
70	イチゴとラズベリー、かぶのヨーグルトドリンク
71	大葉とバナナのきな粉牛乳
72	りんごとにんじん、カリフラワーの豆乳ジュース
72	レタスとりんごジュースのさっぱりドリンク
73	グレープフルーツと黄パプリカ、コーンのジュース
73	ブルーベリーとにんじんのミルクジュース

Chapter.4
野菜たっぷりスープ10

78	カリフラワーのポタージュ
79	きゃべつとソーセージのスープ
80	クラムチャウダー
81	ミネストローネ
82	ふんわりれんこんスープ
83	レタスの豆乳スープ
84	かぶと干しえびの中華スープ
85	春雨とキムチのスープ
86	豚汁
87	枝豆の冷製ポタージュ

2	はじめに
40	美香column
62	友野なおcolumn
74	ビタミンCのお話
88	おすすめ調味料＆食材
90	おすすめ調理グッズ
92	野菜別料理INDEX
94	効能別料理INDEX

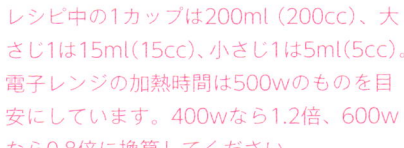

この本の表記について

レシピ中の1カップは200ml（200cc）、大さじ1は15ml（15cc）、小さじ1は5ml（5cc）。電子レンジの加熱時間は500wのものを目安にしています。400wなら1.2倍、600wなら0.8倍に換算してください。

※本書で紹介した調味料、グッズなどの情報は2009年10月1日現在のものです。
※料金はすべて税込みです。

Chapter.1

春夏秋冬の
野菜レシピ20

旬の野菜には、その季節ごとに体が必要としている
栄養素がたっぷり含まれています。
季節の変化を感じたら、野菜コーナーを
じっくり眺めてみてください。
春も夏も秋も冬も、そのときにしかない
野菜の美味しさに出会えるはず。

水分が多く、やわらかい
春 野 菜

spring

寒い冬を経て、暖かい日射しとともに
多くの命が芽生える春は
新鮮な野菜がぐんぐん育つ季節でもあります。

たけのこ、うどなど、香りの強い山菜類には
冬の間に溜めこんだ老廃物を排出してくれる効果も。

ビタミンやミネラルなどが豊富に含まれているので
熱を加える場合は"さっと""素早く"、が
春の野菜をおいしく、効果的にいただくコツです。

Chapter.1 春夏秋冬の野菜レシピ20

菜の花の辛子あえ

ビタミンCとカルシウムをたっぷり摂って
さびない身体づくりを目指して

[材料 2人分]
菜の花：ひと束

〈あえ調味料〉
練り辛子：小さじ1/2
醤油：小さじ2
砂糖：小さじ1
酒：小さじ1

[作り方]
1 菜の花は塩（分量外）を入れたたっぷりの熱湯でゆで、水気を切る。
 ※葉ものをゆでる時は、茎から先にお湯に入れると歯ごたえが均一になります。
2 調味料を混ぜ合わせ、3cm程度に切りそろえた菜の花とあえる。

なお's Vegetable advice
菜の花にはビタミンやミネラルが豊富で、特にビタミンCの含有量はトップクラス。カロテンとの相乗効果で抗酸化作用がアップ、病気に強い体づくりに。

揚げじゃがのバジルソース

ビタミン豊富なじゃがいもが元気な体をつくる
バジルのさわやかな香りでリラックス効果も

[材料 2人分]
じゃがいも：250g

〈バジルソース〉
スイートバジル：20g
アンチョビ：10g
松の実：10g
にんにく：ひとかけ
塩、こしょう：少々
エキストラヴァージンオリーブオイル：大さじ3
粉チーズ：大さじ1

[作り方]
1 粉チーズ以外のバジルソースの材料をミキサーで混ぜる。ペースト状になったらチーズを加え、再びミキサーにかける。
 ※チーズを加えない状態なら冷蔵・冷凍保存が可能。冷蔵の場合は2週間を目処に使い切って。
2 じゃがいもは皮をむいて半分に切り、170℃の油で素揚げにする。
 ※新じゃがを使う場合は皮つきのまま丸ごと揚げても大丈夫。
3 1のソースとよくからめる。

なお's Vegetable advice
じゃがいものでんぷんがビタミンCを保護して、免疫力アップ、疲労回復、美肌に効果的。バジル＋松の実のソースは消化作用があるのでたっぷりからめて。

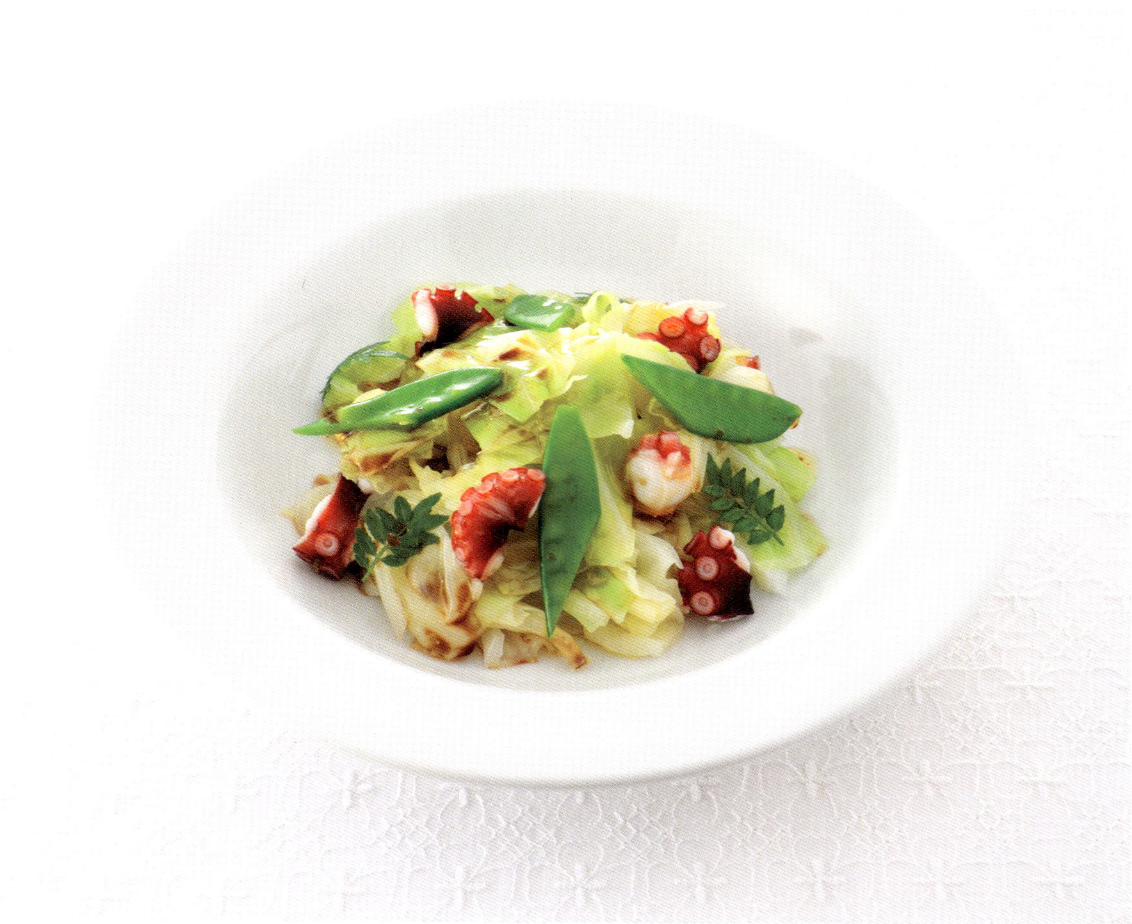

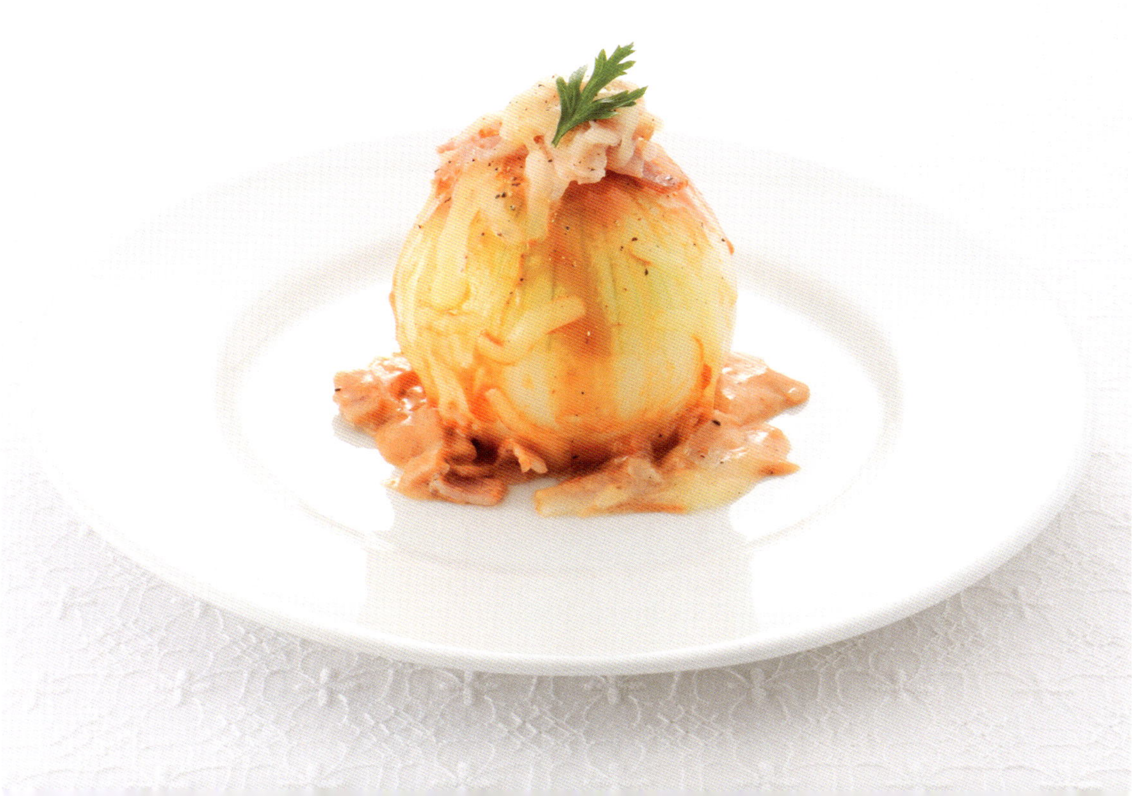

タコときゃべつの組み合わせで代謝アップ
野菜の旨味をじっくり味わうひと皿

春野菜のHOTサラダ

[材料　2人分]

きゃべつ：1/4個
さやえんどう：2～3本
タコ(生)：80g
木の芽(飾り用)：適宜

〈ドレッシング〉
オリーブオイル：大さじ1
ポン酢醤油：大さじ1
塩、こしょう：少々

[作り方]

1 タコは熱湯でさっとゆで、食べやすい大きさに切る。
2 きゃべつはひと口サイズに切り、さやえんどうと一緒に熱湯でさっとゆでて水気を切る。
3 器に2を盛りつけ、木の芽をたたいて香りを出し飾る。
4 ドレッシングの材料を混ぜ合わせ、食べる直前にかける。

なお's Vegetable advice

緑黄色野菜には美肌効果のあるビタミンCやカロテンが豊富。タコのたんぱく質との相乗効果で代謝もアップします。調理は手早く！で栄養を逃しません。

新陳代謝を活発にして、血液もサラサラに
旬の新玉ねぎを使えば甘みたっぷり

ピザ風新玉ねぎ

[材料　2人分]

新玉ねぎ　2個
ベーコン　20g
ピザ用チーズ　30g
塩、こしょう　少々
粗びき黒こしょう　少々
イタリアンパセリ(飾り用)　適宜

〈ピザソース〉
トマトケチャップ　大さじ3
マヨネーズ　大さじ2
にんにく(すりおろし)　ひとかけ分
黒こしょう　少々

[作り方]

1 新玉ねぎは皮をむいて頭とひげ根を落とし、熱が通りやすいように十字に切れ込みを入れる。
2 耐熱容器に玉ねぎ2個を並べ、電子レンジでラップをかけずに6分間加熱する。
3 ベーコンは細切りにし、塩・こしょうで炒める。
4 ピザソースの材料を混ぜ合わせておく。
5 1の玉ねぎに4のソースをかけ、3のベーコン、ピザ用チーズをのせて、オーブントースターでチーズがとけるまで約2分間加熱する。
6 トースターから出して器に盛り、粗びき黒こしょうを振り、イタリアンパセリを飾る。

なお's Vegetable advice

玉ねぎに含まれる香り成分、硫化アリルがビタミンB_1の吸収を助け、新陳代謝を活発にしてくれます。血液サラサラ効果、疲労回復、風邪予防にも期待。

アスパラガスの血行促進＆抗酸化効果で
肌も体も気分もしゃっきり

アスパラガスのチーズ春巻き

[材料　2人分]

アスパラガス：4本
とろけるチーズ（スライス）：4枚
春巻きの皮（大）：4枚
小麦粉：小さじ1（同量の水でといておく）
揚げ油：適宜

〈ソース〉
カレー粉：小さじ1
マヨネーズ：大さじ2

[作り方]

1 アスパラガスは根元とはかまを切り落とし、半分の長さに切る。
※少し固めのものは、根元に近い部分の皮をピーラーなどでむくと口当たりが良くなります。
2 アスパラガスにとろけるチーズを巻きつけ、春巻きの皮で巻く。端は水とき小麦粉でとめる。
3 160℃の油でカリっと色づくまで揚げる。
4 ソースの材料を混ぜ、そえる。

なお's Vegetable advice

アスパラガスは美肌に欠かせない野菜。名前の由来になったアスパラギン酸は疲労回復にも効果あり。美容効果のあるビタミンA豊富なチーズと組み合せて！

強い日差しをたっぷり浴びた
夏 野 菜

トマト、きゅうり、なす、とうもろこしなど
水分量が豊富で、清涼感もたっぷり
この季節ならではのうまみが詰まっています。

夏野菜に含まれるカリウムが
体に溜まった熱を冷ましてくれると同時に
新陳代謝を活発にしてむくみを防止します。

みょうがやにんにく、とうがらしなどの薬味を
バランスよく取り入れるのもおすすめです。

Summer

Chapter.1 春夏秋冬の野菜レシピ20

免疫力UP

美肌効果

むくみ解消

じっくり焼けば、免疫力アップに効果あり
夏風邪予防にも役立ちます

丸ごと！ズッキーニ

[材料 2人分]
ズッキーニ：1本
卵（固ゆで）：1個
ツナ缶：40g
マヨネーズ：大さじ2
塩、黒こしょう：少々
パン粉：大さじ4
粉チーズ：大さじ4

[作り方]
1 ズッキーニはたて半分に切り、中身をスプーンでくり抜く。
2 きざんだズッキーニの中身、つぶしたゆで卵、ツナ、マヨネーズ、塩、黒こしょうを混ぜ合わせる。
3 耐熱容器に並べたズッキーニに2を詰め、上からパン粉と粉チーズを振りかける。
4 250℃のオーブンで30分間焼く。

なお's Vegetable advice
ズッキーニには免疫力を高めるカロテン、粘膜を保護するビタミンB₂のほか、ビタミンCやカリウムも。油分と一緒にじっくり加熱すると効果がアップ。

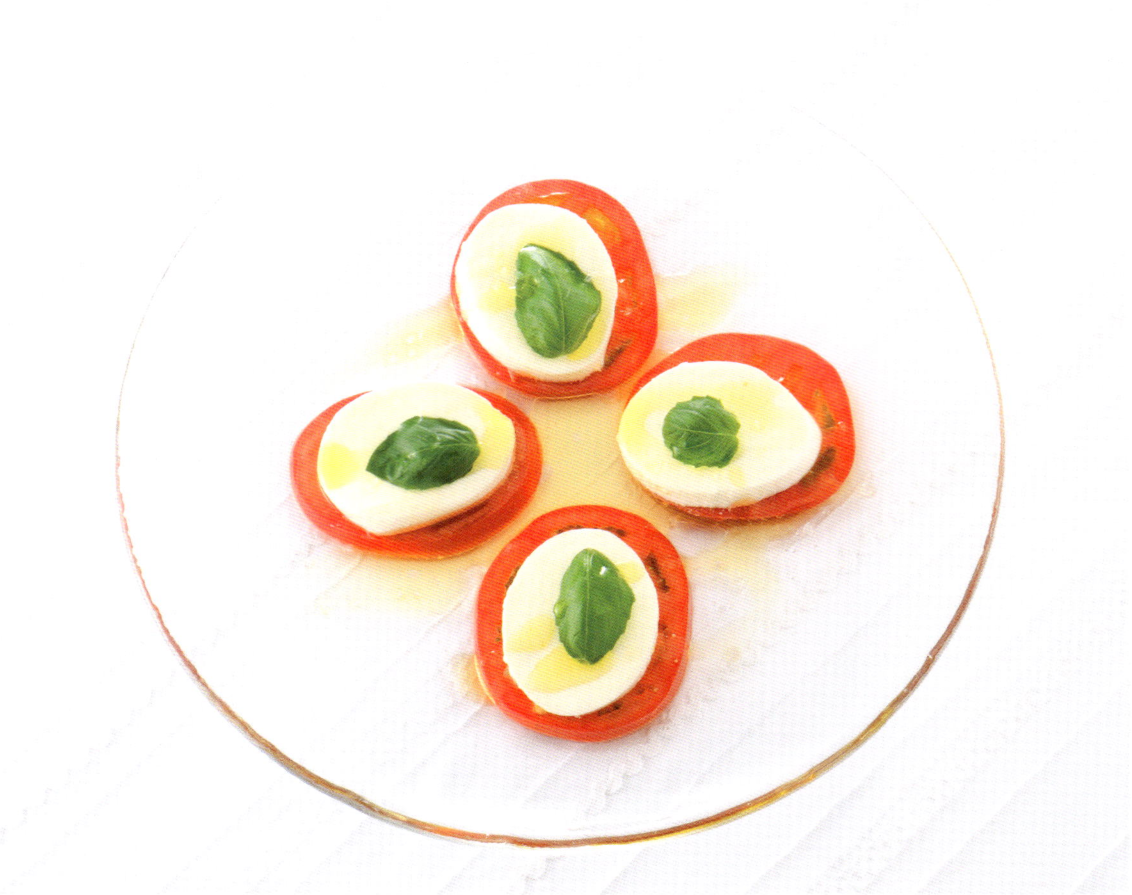

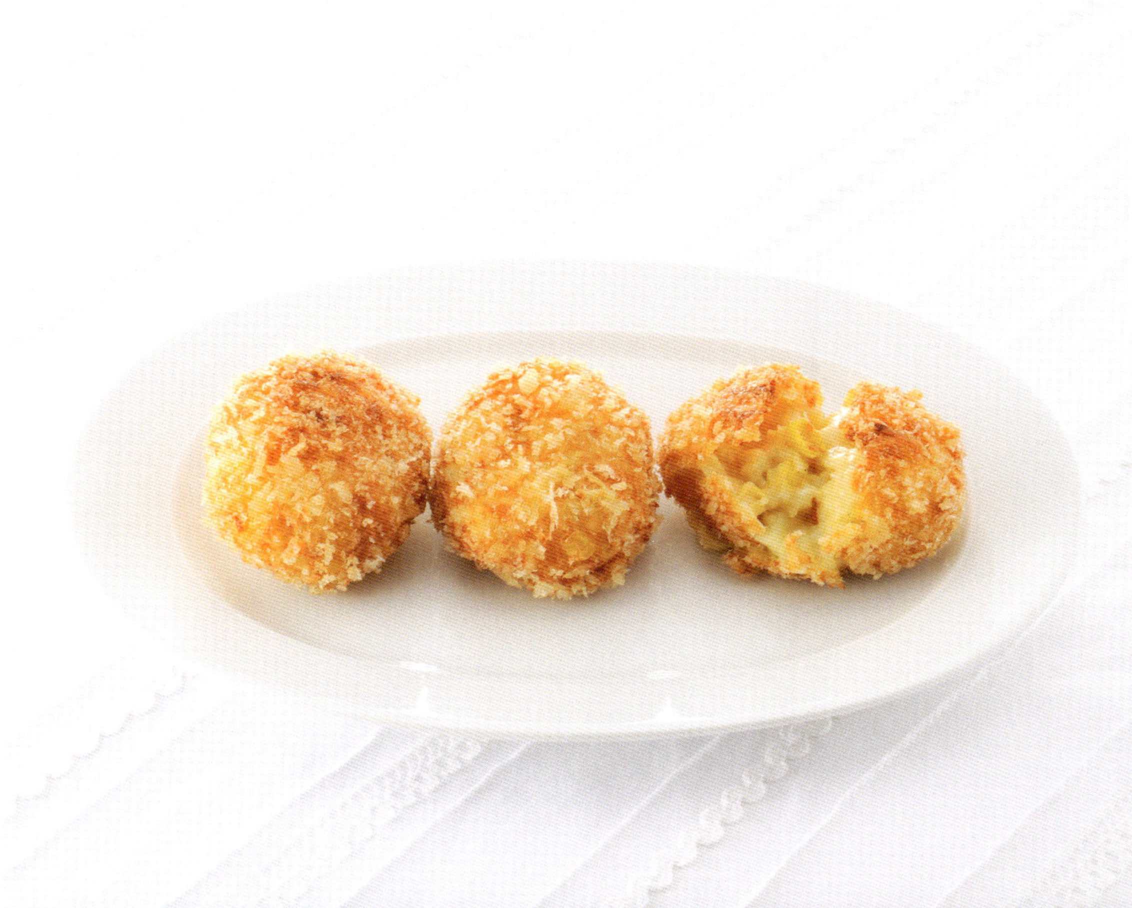

Chapter.1 春夏秋冬の野菜レシピ20

トマトに含まれるリコピンで美白力アップ
シンプルだけれど栄養素はたっぷり

カプレーゼ

[材料 2人分]
トマト：1個
モツァレラチーズ：100g
オリーブオイル：小さじ2
塩：少々
バジル(飾り用)：適宜

[作り方]
1 トマトとモツァレラチーズは輪切りにして、交互に並べる。
2 オリーブオイルと塩を振りかけ、バジルを飾る。

なお's Vegetable advice
トマトに含まれるリコピンには強い抗酸化作用があり、メラニンの生成を抑制。オリーブオイルなどの良質の油と一緒に摂るのがオススメです。

デトックス＆ダイエット目指すなら
食物繊維とビタミン豊富なこのレシピ

とうもろこしのクリーミーコロッケ

[材料 2人分]
クリームコーン(缶)：80g
とうもろこし(粒)：50g
玉ねぎ：1/2個
薄力粉：30g
バター：25g
牛乳：250ml
塩、こしょう 少々

とき卵：2個分
小麦粉：適宜
パン粉：適宜

[作り方]
1 みじん切りにした玉ねぎを、バターで炒め、透き通ってきたら薄力粉を振り入れて手早く混ぜる。
2 1に牛乳を少しずつ加え、混ぜながら弱火で約10分間加熱する。
3 2にクリームコーンと粒とうもろこしを加え、塩、こしょうで味を整える。
※粒とうもろこしは缶詰でもOK。
4 3をバットに流し、粗熱が取れたらラップをして冷蔵庫で冷やす。
5 固まった4のタネを8等分して形を整え、小麦粉、とき卵、パン粉の順につけて180℃の油で揚げる。
※タネが冷たいうちに揚げるときれいに仕上がります。柔らかくなってしまったら、もう一度冷蔵庫で冷やして。

なお's Vegetable advice
とうもろこしには、糖質、たんぱく質、食物繊維のほか、ビタミンE、B₁、B₂、カリウム、鉄などの栄養素がたっぷり。夏の疲れを解消してくれます。

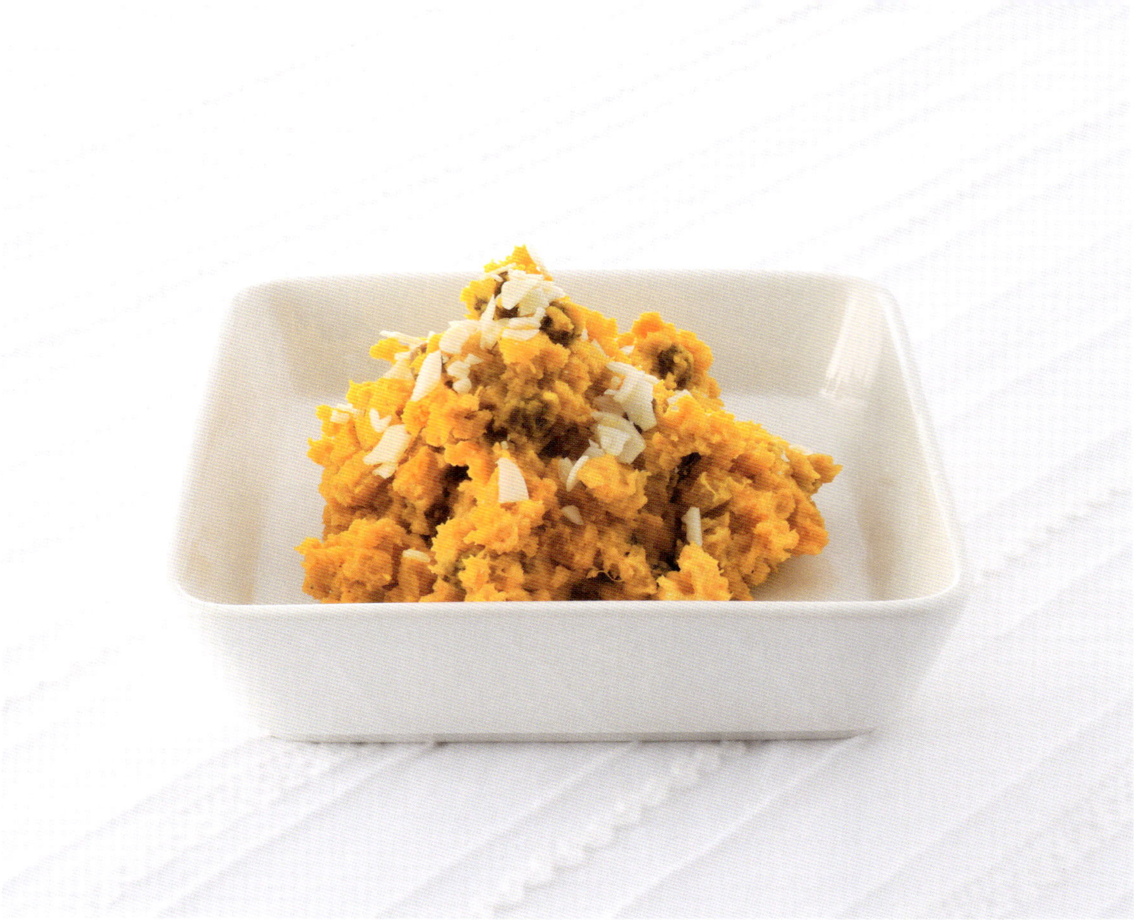

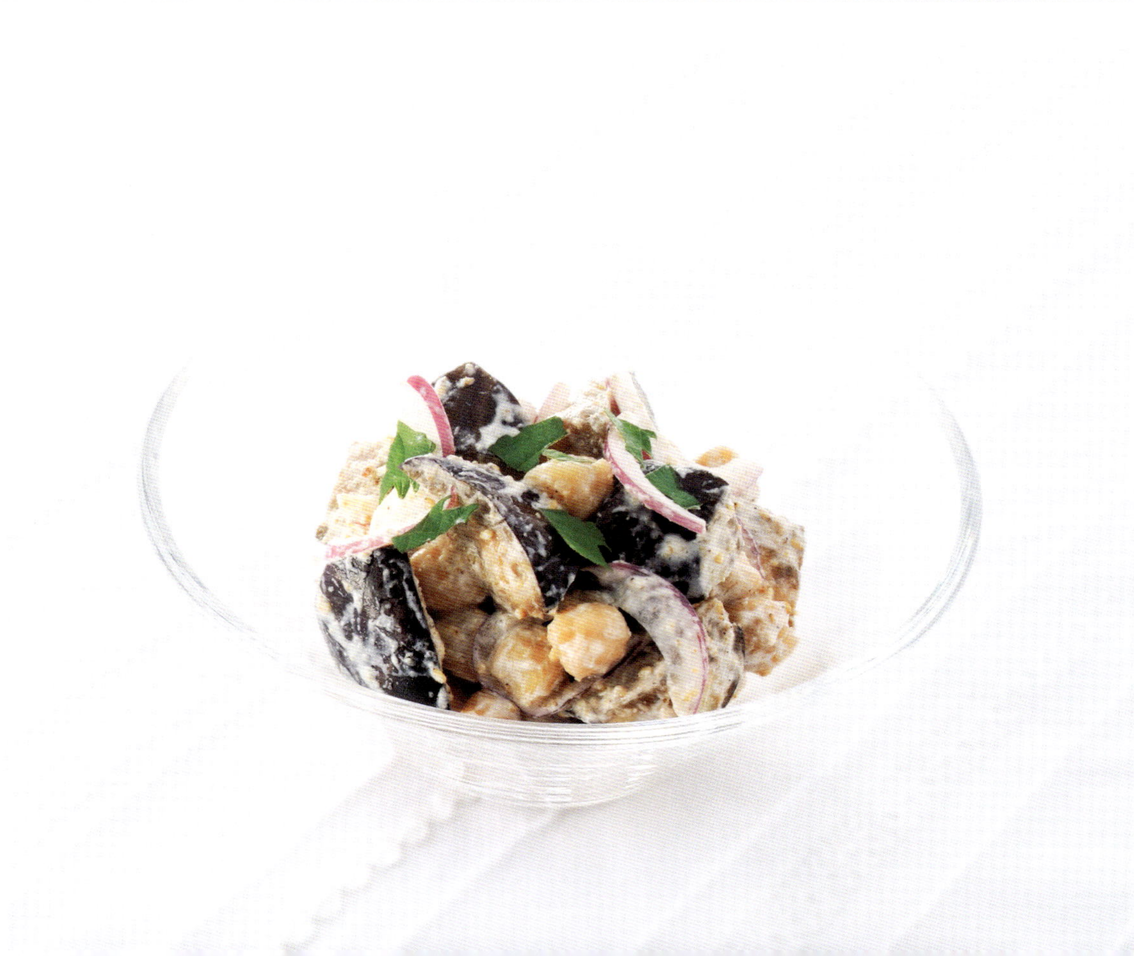

Chapter.1 春夏秋冬の野菜レシピ20

かぼちゃに含まれるカロテンとビタミンEで
紫外線に負けない美肌をつくる

かぼちゃのサラダ

[材料 2人分]

かぼちゃ：200g
レーズン：20g
スライスアーモンド：5g

〈あえ調味料〉
マヨネーズ：小さじ1
生クリーム：小さじ2
塩、こしょう：少々

[作り方]

1 かぼちゃは皮とワタを除き、ひと口大に切って耐熱容器に並べる。ラップをかけて電子レンジで5分間加熱する。
2 調味料は混ぜておく。
3 1を熱いうちにつぶして、2の調味料、レーズンと混ぜ合わせる。
4 器に盛り、スライスアーモンドを散らす。

なお's Vegetable advice

かぼちゃには皮膚が粘膜を守るカロテン、老化防止効果が期待できるビタミンEが豊富。健やかな肌を作ります。アーモンドとレーズンが効果を手助け。

美肌効果　血行促進　疲労回復

ナスニン&セサミンでアンチエイジング
ヨーグルト風味でさっぱりいただける

なすのタルタルサラダ

[材料 2人分]

なす　2本
紫玉ねぎ　1/4個
ひよこ豆(缶)　100g
大葉(飾り用)：2枚

〈あえ調味料〉
ヨーグルト(無糖)：大さじ3
白すりごま：大さじ2
オリーブオイル：小さじ2
塩、黒こしょう：少々

[作り方]

1 紫玉ねぎは薄切りにする。
2 なすは乱切りにして、サラダ油(分量外)でしんなりするまで炒める。
3 調味料を混ぜ、なす、紫玉ねぎ、ひよこ豆をあえる。
4 器に盛り、ちぎった大葉を散らす。

なお's Vegetable advice

なすの皮に含まれるナスニンには、老化を防止し目の疲労を回復するほか、血管を丈夫にする働きも。ごまの栄養素セサミンにもアンチエイジング効果が。

美肌効果　整腸作用　眼精疲労

ほっこりとやさしい味の
秋野菜

Autumn

さつまいも、きのこ類、にんじんなど
食物繊維が豊富で、お腹にやさしく
疲れた胃腸を回復させる効果があります。

免疫力をアップする効果を持つ野菜も多いので
冬に向け、体力をつけて病気予防にも。

じっくりと熱を通して甘みを引き出し
たんぱく質などと一緒に摂ることで
秋野菜の効能をより高めてくれます。

Chapter.1 春夏秋冬の野菜レシピ20

Chapter.1 春夏秋冬の野菜レシピ20

整腸作用

代謝UP

低カロリーでヘルシーなきのこがたっぷり
食物繊維の力でお腹もすっきり！

きのこたっぷり明太子パスタ

[材料　2人分]
しめじ：100g
エリンギ：100g
明太子：150g
バター：15g
白ワイン：大さじ1
醤油：大さじ1
パスタ：250g
大葉(飾り用)：3枚
きざみ海苔(飾り用)：適宜

[作り方]
1 明太子は包丁の背で皮から身をこそげ、ほぐしておく。
2 エリンギとしめじは石づきを取り、手でさく。
3 2をバターで炒め、白ワイン、醤油を加える。
4 パスタをゆで、明太子、3と混ぜ合わせる。
4 器に盛り、大葉、海苔を散らす。

なお's Vegetable advice
しめじに含まれるビタミンD、B₁、B₂、ナイアシンなどのビタミン類が代謝をアップ。エリンギは食物繊維がとっても豊富。腸をキレイにしてくれます。

にんじんはカロテンの含有量がダントツ！
ひと味ちがう、エスニック風味で

ベトナム風にんじんサラダ

[材料　2人分]
にんじん：1本
ピーナツ（砕く）：5g

〈あえ調味料〉
ごま油：小さじ2
ナンプラー：小さじ1
米酢：小さじ1/2
砂糖：小さじ1/2
塩、こしょう：少々

[作り方]
1 にんじんはグレーターなどで細くおろし、軽く塩を振っておく。
2 調味料を混ぜ、1のにんじんの水気を切ってあえる。
3 器に盛り、ピーナツを散らす。
※お好みでパクチーをそえれば、より本格的な味になります。

なお's Vegetable advice
にんじんは抗酸化作用のあるカロテンが豊富。免疫力を高めて皮膚や粘膜を保護する効果があり、病気予防にも。積極的に摂りたい野菜のひとつです。

免疫力UP／美肌効果

ほっこり甘くておいしいさつまいもが
お腹のなかをキレイにしてくれる

さつまいものハニーマスタードあえ

[材料　2人分]
さつまいも：1本

〈あえ調味料〉
マヨネーズ：大さじ2
マスタード：大さじ1
はちみつ：大さじ1
白ワインビネガー：小さじ1/2

[作り方]
1 さつまいもは皮付きのまま、5mmの厚さにイチョウ切りにする。
2 調味料は混ぜておく。
3 1を耐熱容器に入れ、水を少々振りかけラップをして、電子レンジで5分間加熱する。
4 2の調味料とさつまいもをあえる。

なお's Vegetable advice
さつまいもの主成分でんぷんは、加熱すると甘みがアップ。ビタミンC、B_1、B_6、Eに加え、腸の働きを促進するヤラピン、食物繊維を多く含みます。

整腸作用／美肌効果／リラックス

しいたけの肉詰め

しいたけはビタミンDの供給源
加熱するとうまみがぐっと増える

[材料　2人分]
- しいたけ：8個
- 豚ひき肉：100g
- 玉ねぎ：1/8個
- にんじん：1/8本
- ピーマン：1/2個
- 小麦粉：適宜
- 醤油：小さじ1
- 酒：大さじ1
- 塩、こしょう：少々
- 大葉(飾り用)：8枚

〈ソース〉
- ケチャップ：大さじ1
- 中濃ソース：小さじ1

[作り方]
1. 玉ねぎ、にんじん、ピーマンはフードプロセッサーでみじん切りにする。
   ※ひき肉と同じくらいの細かさにすると混ぜやすい
2. 1と豚ひき肉、醤油、塩、こしょうを混ぜ、粘りが出るまでこねる。
3. しいたけは軸を外し、小麦粉をまぶす。
   ※風味と栄養素を保つため、水洗いは禁物。汚れは布やペーパーで拭きとって。
4. 3に2を詰める。
5. ソースは混ぜておく。
6. フライパンにサラダ油(分量外)を熱し、詰め物を下にした4を並べて焼く。
7. 焦げ目がついたら酒を振り、フタをして約3分間蒸し焼きにする。
8. 器に盛り、ソースを添える。

なお's Vegetable advice
しいたけはミネラルや食物繊維が豊富で低カロリー。日に当てると骨粗しょう症予防効果のあるビタミンDが生成されるので、調理前に日光に当ててみて。

玉ねぎのチリソース炒め

野菜の力で疲労を回復して、免疫力をアップ
不調かな？と感じる日につくりたい

[材料　2人分]
- 玉ねぎ：1/2個
- しいたけ：2個
- ピーマン：1個
- エビ：10尾
- にんにく(みじん切り)：ひとかけ分
- 片栗粉：小さじ1
  (大さじ1.5の水でといておく)

〈あえ調味料〉
- トマトケチャップ：大さじ1
- 醤油：小さじ2
- 豆板醤：小さじ1/2
- オイスターソース：小さじ1
- 鶏ガラスープの素：小さじ1/2
- 水：50ml

[作り方]
1. 玉ねぎは2cm幅に、しいたけは薄切り、ピーマンは8つに切る。
2. エビは殻をむき、尾と背わたを取り除く。
3. 調味料を合わせ、水でといておく。
4. フライパンにサラダ油(分量外)を熱してにんにくを炒め、香りが立ってきたらエビを加えて中火で更に約1分間炒める。
5. 玉ねぎ、ピーマン、しいたけを加え、さらに1分間炒める。
6. 3を混ぜ入れ、水とき片栗粉でとろみをつける。

なお's Vegetable advice
スタミナを回復するにんにく、新陳代謝を活発にする玉ねぎ、免疫力を高めるピーマン。3つの野菜の相乗効果で不調に負けない体をつくります。

土のなかでじっくり育つ
冬野菜

だいこんやかぶなどの根菜類には
うまみと栄養素がぎゅっと濃縮されています。
葉ものの甘みが強くなるのもこの時期。

体を芯から温めてくれる上に
抗酸化作用で風邪を予防してくれる葉物野菜も多いので
煮込み料理やスープにしてたくさん摂ってください。

春に向け、体を冷やさないこと、栄養素を蓄えることを
十分に心がけて過ごしたい季節ですね。

winter

Chapter.1 春夏秋冬の野菜レシピ20

33

Chapter.1 春夏秋冬の野菜レシピ20

冷え防止

整腸作用

リラックス

にらが整腸作用と冷え防止に効果的
パクチーの香りで食欲増進

たっぷりにらのナシゴレン

[材料 2人分]
にら：ひと束
玉ねぎ：1/2個
鶏もも肉：100g
卵：2個
ご飯：茶碗2杯分
しょうが（みじん切り）：1/2かけ分
にんにく（みじん切り）：1/2かけ分
チリソース：大さじ1
粉末コンソメ　4g
パクチー（飾り用）：適宜

[作り方]
1 にらは1cmの長さに、玉ねぎはみじん切りに、鶏もも肉はひと口大に切る。
2 目玉焼きをつくっておく。
　※黄身は半熟に仕上げて、ソースとしてからめます。
3 フライパンにサラダ油（分量外）を熱し、にんにくとしょうがを炒める。香りが立ってきたら、鶏もも肉、玉ねぎを加えさらに炒める。
4 2にご飯を加えほぐしながら炒め、チリソースとコンソメを振り入れ、にらを加えて軽く炒める。
5 器に盛り、目玉焼きを乗せて好みでパクチーをそえる。

なお's Vegetable advice
にらは漢方薬としても使われる野菜で、冷え性緩和や整腸作用が。パクチーは整腸、健胃、解毒作用に加えて、不眠解消やリラックス効果もあり。

ビタミン、ミネラル、食物繊維がたっぷり
香りも歯ごたえもすっきりさわやか

セロリとりんごのシャキシャキヨーグルトサラダ

[材料　2人分]

セロリ：1本
りんご：1/4個
パセリ(飾り用)：少々

〈あえ調味料〉
ヨーグルト(無糖)：大さじ3
はちみつ：小さじ1
マヨネーズ：大さじ1

[作り方]

1 セロリの葉はみじん切りに、茎は千切りにする。
2 りんごは千切りにする。
　※りんごは皮ごと使えば栄養素も彩りもアップ。
3 調味料は合わせておく。
4 3の調味料に1のセロリ、2のりんごをあえる。
5 器に盛り、パセリを散らす。

なお's Vegetable advice
セロリ、りんご共に、ビタミン、ミネラル、食物繊維がたっぷり。りんごに含まれるポリフェノールによる抗酸化作用、脂肪低減作用にも期待。

ビタミンCがぎゅっと濃縮された
見た目も楽しいミニ野菜を使って

芽きゃべつのココット

[材料　2人分]

芽きゃべつ：6個
マイクロトマト：12粒
卵：1個
卵黄：1個分
牛乳：1/2カップ(100cc)
バター：10g
ピザ用チーズ：10g
塩、こしょう：少々

[作り方]

1 芽きゃべつは固めにゆでる。
2 卵と卵黄をときほぐし、牛乳、塩、こしょうを加える。
3 耐熱容器にバターを塗り、芽きゃべつを並べる。
4 2を流し入れ、マイクロトマトを散らす。
　※マイクロトマトが手に入らないときは、ミニトマト2個(2人分)を半分に切って。
5 ピザ用チーズを散らし、200℃のオーブンで14分間焼く。

なお's Vegetable advice
芽きゃべつはきゃべつの葉の付け根にできるわき芽が結球したもの。ビタミンCは通常のきゃべつの4倍。極小トマトをアクセントにして見た目も◎。

Chapter.1 春夏秋冬の野菜レシピ20

リラックス / 疲労回復 / 整腸作用 / 免疫力UP / 美肌効果 / 美白効果

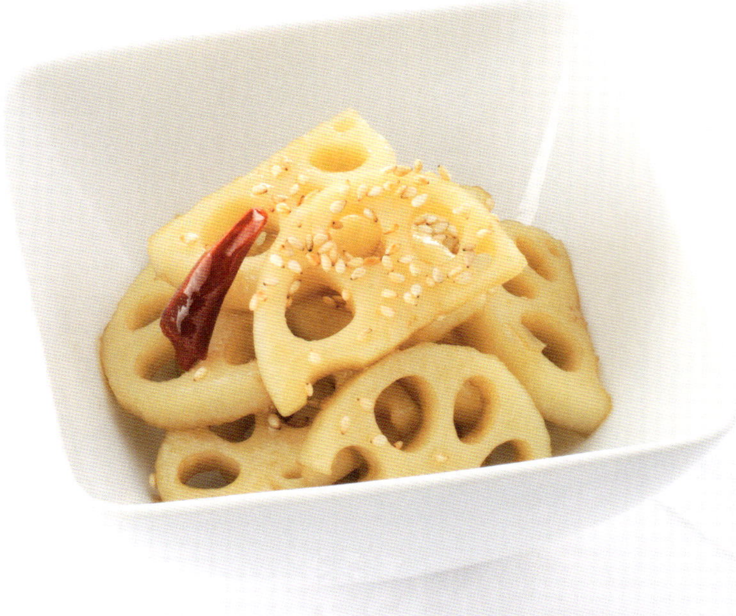

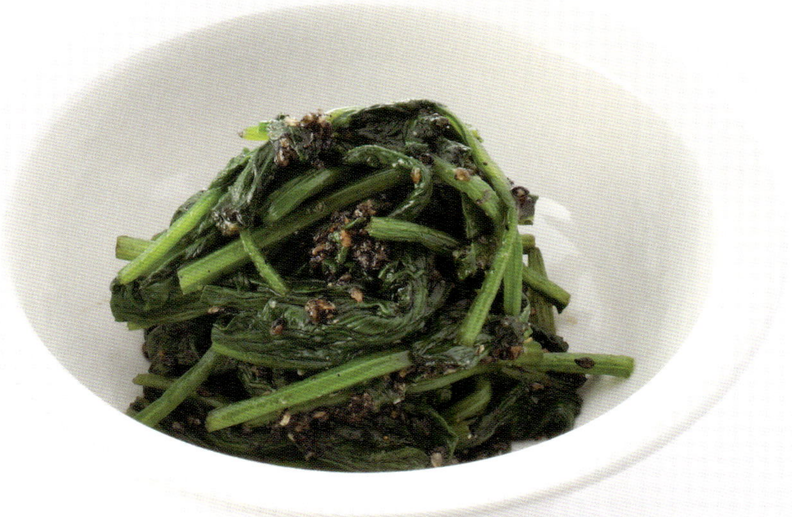

Chapter.1 春夏秋冬の野菜レシピ20

冷蔵庫に常備したい、不調のお助けひと品
素材のおいしさをそのまま食べる

れんこんのきんぴら

[材料 2人分]
れんこん：200g
たかの爪（半分に切る）：1本分
ごま油：大さじ1
白いりごま：小さじ1

〈あえ調味料〉
醤油：大さじ1/2
砂糖：小さじ2
みりん：小さじ1

[作り方]
1 れんこんは厚さ1cmの半月切りにする。
2 フライパンにごま油とたかの爪を入れて熱し、香りが立ったられんこんを入れ約5分間炒める。
  ※油が熱くなる前にたかの爪を入れると、焦げにくく香りが立ちやすい。
3 調味料を加え、さらに炒めたら白いりごまを振りかけて混ぜる。
  ※ごまはフライパンの端で軽く炒ると香りが立つ。

なお's Vegetable advice
ビタミンCが豊富で、ビタミン、ミネラルも含むれんこんは、身体を内側からきれいにしてくれる嬉しい野菜。とうがらしのカプサイシンで代謝もアップ。

美肌効果　疲労回復　代謝UP

たっぷりの鉄分で貧血を予防
肌の老化も防いでくれる

ほうれん草の黒ごまあえ

[材料 2人分]
ほうれん草：ひと束

〈あえ調味料〉
黒すりごま：大さじ1
砂糖：大さじ1
醤油：大さじ1

[作り方]
1 ほうれん草は塩（分量外）を加えたたっぷりの熱湯で約30秒ゆで、冷水にとる。
2 調味料を混ぜておく。
3 1の水気を絞り、5cmの長さに切って調味料とあえる。
  ※根元の赤い部分には骨を強くするマンガンがたっぷり。残さず食べて。

なお's Vegetable advice
ほうれん草は鉄分、ミネラル、カロテン、ビタミンB群、Cなどが豊富で緑黄色野菜のなかでも抜群の栄養価を誇る野菜。香り高い黒すりごまと合わせて。

貧血予防　血行促進　美肌効果

「大げさかも知れないけれど

『一生楽しめる趣味を見つけた』そんな気持ち」

Column

私が野菜を意識しはじめたのは、
北海道から上京してしばらくしてからのこと。
一人暮らしで、仕事が忙しくなって
疲れるとすぐにあらわれる肌荒れに悩み始めて……。
「なんとかしなくちゃ！」と、自分なりに考えたのが
野菜を中心とした食生活にチェンジすることでした。
家では蒸し野菜や野菜鍋、外食でも野菜がたくさん入ったメニューを。
気づいたら、野菜がどんどん好きになっていきました。
そうしているうちに、体質が変わったことを本当に実感したんです。
あのときの自分のがんばりを野菜に手助けしてもらった、そう思っているほど。

今でも野菜は、私にとってマストアイテム。
毎日、意識してなるべくたくさん摂るようにしています。
そして、最近では、そこに作る楽しみが加わりました。
自分で作って、誰かと一緒にそれを美味しく食べる。
その時間が本当に楽しくて幸せで……。

私が料理を作ることを、食べることを楽しんでいれば
その気持ちは、きっと一緒にいる相手にも伝わるはず。
大げさかも知れないけれど
『一生楽しめる趣味を見つけた』
そんな気持ちでいっぱい。

これからも、体に良いもの、季節を感じるもの、シンプルで美味しいもの
そんな野菜料理をずっと食べ続けていきたいと思います。

美香

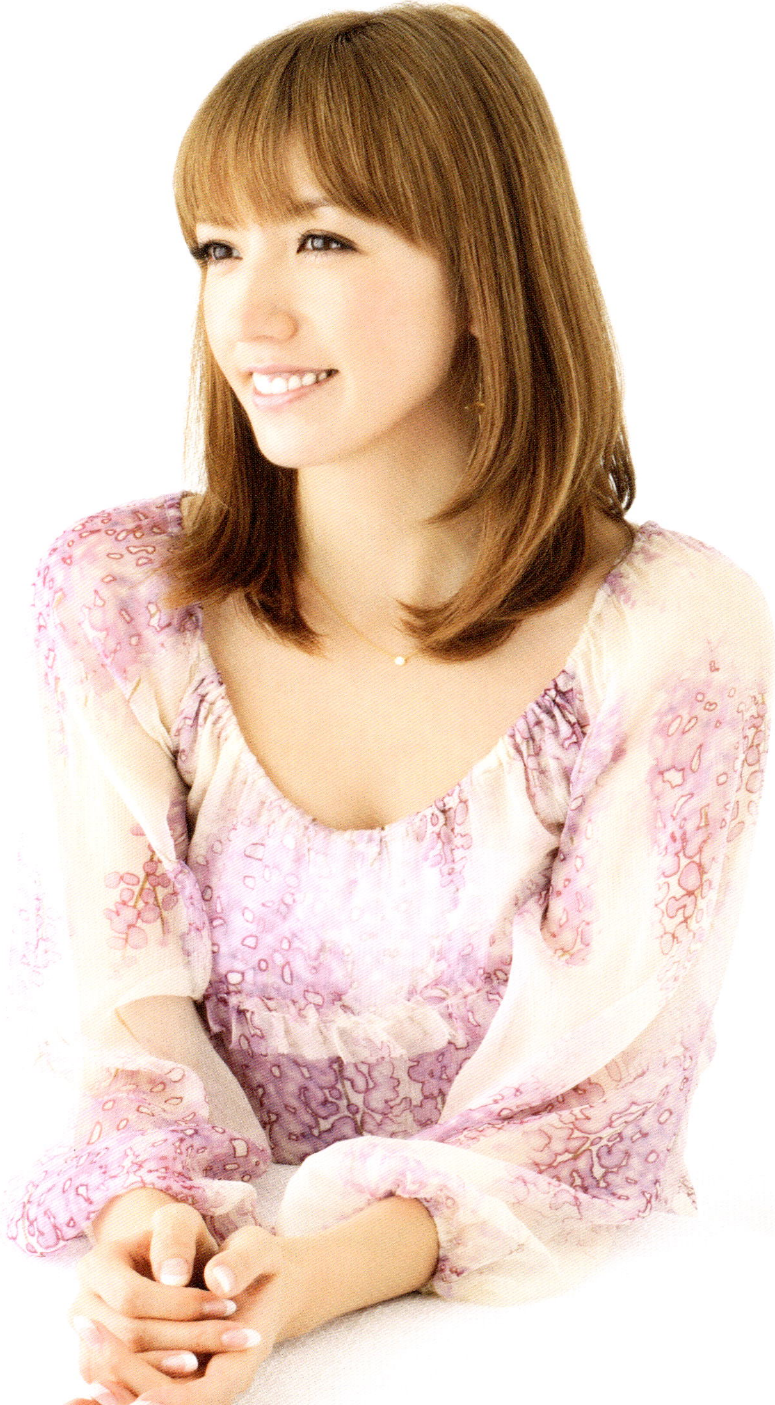

Chapter.2

one weekランチと
3つのおまけsweets

肌や体のトラブルを改善するのは、
日々のちょっとした積み重ね。
無理なく続けられるように、
インナービューティーをテーマに
平日のお弁当と週末ランチを考えてみました。
毎日のランチタイムがビューティタイムに変わります。

Chapter.2 one week ランチと3つのおまけsweets

Monday

新しい週を楽しくスタートするために
ピタパンサンドとサラダでパワーチャージ

サーモンサンドとブロッコリーのランチセット

Chapter.2 one week ランチと3つのおまけsweets

美肌効果　美白効果　むくみ解消　貧血予防　整腸作用

ピタパンサンド

[材料　1人分]
ピタパン：1枚
クリームチーズ：20g
スモークサーモン：2枚
トマト：ひと切れ
フリルレタス：適宜

[作り方]
1 トマトは輪切りにし、フリルレタスは食べやすい大きさにちぎる。
2 ピタパンは半分に切り、クリームチーズを塗り、スモークサーモン、トマトをはさむ。
※クリームチーズで水分がパンに移るのを防ぎます。

ブロッコリーのツナマヨあえ

[材料　1人分]
ブロッコリー：1/4株
ツナ（缶）：40g

〈あえ調味料〉
マヨネーズ：大さじ2
レモン汁：小さじ1
塩、こしょう：少々

[作り方]
1 ブロッコリーは小房に分け、塩（分量外）を加えたたっぷりの熱湯でゆでる。
※ゆで上がったら水にさらさず、自然に冷まして。
2 調味料とツナを混ぜ合わせ、1のブロッコリーとあえる。

かぶのフルーツサラダ

[材料　1人分]
かぶ：1個
イチゴ：4粒
キウイ：50g
りんご：40g

〈あえ調味料〉
りんご酢：大さじ2
はちみつ：大さじ1
塩：少々

[作り方]
1 かぶは薄いイチョウ切りにし、塩（分量外）でもんで水気を切る。
2 りんごは薄いイチョウ切りにする。イチゴは4つに、キウイも同じくらいの大きさに切る。
3 調味料を混ぜ、1、2をあえる。

なお's Vegetable advice

トマトに含まれるリコピン、ブロッコリーに含まれるカロテンで肌トラブルを解消します。かぶには整腸作用やむくみに効果のある消化酵素が豊富。

Tuesday

ごぼうときのこがお腹をすっきり、快調に
低カロリー＋ボリュームたっぷりで大満足

炊き込みご飯とおひたしの和風弁当

Chapter.2 one week ランチと3つのおまけsweets

代謝UP　整腸作用　美肌効果　リラックス

ごぼうときのこの炊き込みご飯

[材料　2人分]
ごぼう：50g
しめじ：1/2パック
枝豆（茹で）：40g
米：2合
ごま油：小さじ1

〈あえ調味料〉
だし汁：380ml
醤油：大さじ1
酒：小さじ1
みりん：大さじ1

[作り方]
1　ごぼうはささがきにして水につけてアクを抜き、ごま油でさっと炒める。
2　しめじは食べやすい大きさに手でさく。
3　1のごぼう、しめじ、調味料を炊飯器に入れ炊く。
4　炊きあがったら薄皮をむいた枝豆を混ぜ合わせる。

モロヘイヤとじゃこのおひたし

[材料　2人分]
モロヘイヤ：ひと束
ちりめんじゃこ：大さじ2
ポン酢醤油：小さじ2

[作り方]
1　モロヘイヤは熱湯でさっとゆで、5cmに切る。
2　1とちりめんじゃこを合わせ、ポン酢醤油であえる。

きのこのピリ辛炒め

[材料　2人分]
しいたけ：1個
エリンギ：40g
しめじ：50g
にんにく（みじん切り）：ひとかけ分
たかの爪（丸ごと）：1本
たかの爪（輪切り）：1本分
醤油：小さじ1
塩、こしょう：少々

[作り方]
1　しいたけは石突きを取り除いて薄切り、エリンギは手で縦に裂き、しめじはほぐしておく。
2　フライパンにサラダ油（分量外）を熱し、にんにく、たかの爪（丸ごと）を加える。香りが立ったら、きのこ類を加え炒める。
3　醤油、塩、こしょうで味を整え、たかの爪（輪切り）を散らす。

なお's Vegetable advice
ごぼうときのこ類の食物繊維が腸内をきれいにしてくれる効果あり。モロヘイヤのカロテン、カルシウムの含有量は野菜の中でもトップクラス。

Wednesday

野菜不足を感じたらランチで補って
ドライトマトもオーブンで簡単手づくり

ライ麦パンのグリーンサンドイッチ

Chapter.2 one week ランチと3つのおまけsweets

美白効果

美肌効果

疲労回復

ライ麦パンのグリーンサンドイッチ

[材料　1人分]
ライ麦パン：2枚
さやいんげん：2本
アボカド：1/4個
グリーンカール：適宜
ツナ（缶）：40g

〈あえ調味料〉
クリームチーズ：10g
マヨネーズ：大さじ1
レモン汁：小さじ1/2
塩、こしょう：少々

[作り方]
1 さやいんげんは塩（分量外）を加えた熱湯でさっとゆでる。
2 アボカドを潰して調味料、ツナと混ぜ、1をあえる。
3 ライ麦パン1枚にグリーンカールをのせる。もう1枚に2を塗ってサンドする。

ポテトサラダ

[材料　1人分]
じゃがいも（大）：1個
にんじん：1/4本
玉ねぎ：1/4個
キュウリ：1/2本
ハム：3枚
マヨネーズ：大さじ4
塩、こしょう：少々
パセリ（飾り用）：適宜

ドライトマトのハニーマリネ

[材料　1人分]
ミニトマト：ひとパック
クルミ（砕く）：10g
セルフィーユ（飾り用）：適宜

〈あえ調味料〉
カッテージチーズ：5g
白ワインビネガー：大さじ2
はちみつ：大さじ2
サラダ油：大さじ4
塩、こしょう：少々

[作り方]
1 調味料を混ぜ、ドライトマトとクルミをあえる。
2 容器に入れ、セルフィーユを飾る。

[ドライトマトの作り方]
1 ミニトマトは縦半分に切り、中身を取り除いてペーパータオルで水気を取る。
2 耐熱容器に1の切り口を下にして並べ、塩を振り、140℃のオーブンで45分間焼く。
3 水分を拭き取り、更に30分間焼く。

[作り方]
1 じゃがいも、にんじんは竹串がすっと通るくらいまでゆでる。
※根菜類をゆでるときは水から。
2 1を厚さ5mmのイチョウ切りにする
3 玉ねぎはみじん切り、キュウリは輪切り、ハムは2cm角に切る。
4 2、3と、マヨネーズ、塩、こしょうを混ぜ合わせる。
5 容器に入れ、パセリを散らす。

なお's Vegetable advice
アボカドのオレイン酸がコレステロールを低減、さやいんげんが美肌をつくってくれるヘルシーメニュー。くるみの栄養素がストレス解消にも効果的です。

Thursday

外食やイベントが続く週におすすめ
カリカリ梅で疲労回復、飽きのこない味

玄米おにぎりとひじきの煮物のお弁当

Chapter.2 one week ランチと3つのおまけsweets

疲労回復　貧血予防　免疫力UP　整腸作用

カリカリ梅の玄米おにぎり

[材料　2人分]
玄米：2合
カリカリ梅：20g
大葉：4枚

[作り方]
1 玄米を炊き、炊きあがったら種を除いて細かくきざんだカリカリ梅を混ぜる。
　※玄米は圧力鍋で炊くともちもちふっくら。普通の炊飯器の場合は「発芽玄米」を使うと簡単です。
2 おにぎりの形ににぎり大葉を巻く。

オクラのおかかあえ

[材料　2人分]
おくら：ひと袋
醤油：小さじ1
かつおぶし：2g

[作り方]
1 おくらは塩（分量外）でもみ、熱湯でさっとゆでて5mmの輪切りにする。
2 1を醤油であえ、かつおぶしをまぶす。

ひじきの煮物

[材料　2人分]
ひじき：10g
にんじん：1/4本
油揚げ：1/3枚
出し汁：200ml
醤油：大さじ1
砂糖：大さじ1

[作り方]
1 ひじきはさっと洗い、たっぷりの水に30分間ひたしておく。
2 油揚げは熱湯で1分間ゆでて油抜きをし、幅5mmの短冊切りにする。
3 にんじんは千切りにする。
4 フライパンにサラダ油（分量外）を熱し、水切りしたひじき、にんじん、油揚げを中火で1分間炒める。
5 4に出し汁を加え、沸騰したら灰汁をとる。
6 砂糖、醤油を加え約15分間、煮汁がほぼなくなるまで煮る。

なお's Vegetable advice
かりかり梅のクエン酸が乳酸を代謝分解して疲労回復に効果あり。殺菌力があるのでお弁当にぴったりです。ひじきには鉄分、ミネラル、ビタミンが豊富。

Friday

一週間の疲れがたまる金曜日
にんじんとピーマンでお肌の張りを取り戻して

ミニ野菜ハンバーグとドライカレーのお弁当

52

ミニ野菜ハンバーグ

[材料　2人分]
ミックスベジタブル：60g
合いびき肉：100g
パン粉：大さじ2
とき卵：1/4個
牛乳：小さじ1
塩、こしょう：少々
ナツメグ：少々
サラダ菜(飾り用)：少々
ミニトマト(飾り用)：2個

〈ソース〉
ケチャップ：大さじ2
ウスターソース：大さじ1
水：1/4カップ

[作り方]
1 パン粉は牛乳にひたして柔らかくしておく。
2 ひき肉、塩、こしょう、ナツメグ、ミックスベジタブルをよく混ぜ、1のパン粉、とき卵を加え、粘りが出るまでよくこねる。
3 2を8等分して小判形に整え、中央をくぼませる。
※お弁当に入れない分は、この段階でラップに包んで冷凍保存しましょう。
4 フライパンにサラダ油(分量外)を中火で熱し、3を並べる。焦げ目がついたら裏返し、弱火にしてフタをして中まで火を通す。
5 ソースの材料を合わせてフライパンに流し、ハンバーグにからめる。

アスパラガスのバター醤油炒め

[材料　2人分]
アスパラガス：6本
バター：5g
醤油：大さじ1/2
塩、粗びき黒こしょう：少々

[作り方]
1 アスパラガスは固い部分を除いて斜めに切り、塩(分量外)を加えた熱湯で固めにゆでる。
2 フライパンにバターを熱してアスパラガスを炒め、塩、粗びき黒こしょう、醤油で味を整える。

ドライカレー

[材料　2人分]
玉ねぎ：1/2個
ピーマン：1個
赤ピーマン：1個
牛ひき肉：100g
レーズン：大さじ1
カレー粉：大さじ1
コンソメ：小さじ1
トマトケチャップ：大さじ1
塩、こしょう：少々
ご飯：茶碗2杯分

[作り方]
1 玉ねぎ、ピーマン、赤ピーマンはみじん切りにする。
2 フライパンにサラダ油(分量外)を熱し、牛ひき肉、玉ねぎ、ピーマン、赤ピーマンの順で炒める。
3 2にご飯を加え、カレー粉、コンソメ、トマトケチャップを加えてさっと炒める。
4 3にレーズンを混ぜ、塩、こしょうで味を整える。

なお's Vegetable advice
疲労回復を手助けしてくれるのは、アスパラガスに含まれるアスパラギン酸。にんじんとピーマンのカロテンが、免疫力アップに加えて肌の張りを復活させます。

疲労回復　美肌効果　免疫力UP

Saturday

ほくほくかぼちゃを丸ごと！
友だちと一緒に食べたいランチプレート

ミニかぼちゃのグラタンと夏野菜のサラダ

Chapter.2 one week ランチと3つのおまけsweets

免疫力UP　代謝UP　美肌効果　美白効果　眼精疲労

ミニかぼちゃのヘルシーグラタン

[材料　2人分]
ミニかぼちゃ：2個
玉ねぎ：1/2個
ベーコン：1枚
豆乳：300cc
小麦粉：20g
ピザ用チーズ：10g
塩：少々
オリーブオイル：適宜
パセリ（飾り用）：適宜

[作り方]
1 かぼちゃは上1/3を切って種を取り除き、ラップをして電子レンジで3分間加熱する。
2 玉ねぎはみじん切り、ベーコンは3cm幅に切る。
3 フライパンにオリーブオイルを中火で熱し、2を炒める。
4 3に豆乳を加え、沸騰直前に小麦粉を振り入れて木べらでゆっくり混ぜる。
5 とろみがついたら塩で味を整える。
6 1のかぼちゃに5を流し入れてチーズをのせ、200℃のオーブンで15分間焼く。
7 焼き上がったらパセリのみじん切りを散らす。

夏野菜のバルサミコ酢サラダ

[材料　2人分]
なす：1本
トマト：1/2個
揚げ油：適宜

〈あえ調味料〉
玉ねぎ（すりおろし）：大さじ2
バルサミコ酢：大さじ1
塩、こしょう：少々

[作り方]
1 なすは1cmの輪切りにして170℃の油で素揚げにする。
2 トマトは1cmの角切りにする。
3 調味料を混ぜる。
4 なす、トマトに3をあえる。

なお's Vegetable advice
ミニかぼちゃは普通のかぼちゃに比べてカロテン含有量が多く、免疫力アップに効果的。夏野菜サラダのバルサミコ酢が疲れた体を癒してくれます。

冷蔵庫に常備したい！
トマトのはちみつビネガーづけ

[材料　2人分]
ミニトマト：ひとパック
〈マリネ液〉
りんご酢：30ml
はちみつ：大さじ1
水：1カップ

[作り方]
1 マリネ液の材料を合わせてひと煮立ちさせ、粗熱をとる。
2 ミニトマトに十字の切り込みを入れ、1に2時間以上漬け込む。

Sunday

風邪をひいたかな?と思ったら……
根菜クリームソースで体を温める

ふわふわオムライスとオニオンサラダ

56

Chapter.2 one week ランチと3つのおまけsweets

冷え防止　免疫力UP　疲労回復　美肌効果　むくみ解消

ふわふわオムライス根菜クリームがけ

[材料　2人分]

〈根菜クリームソース〉
鶏もも肉：80g
にんじん：1/4本
れんこん：40g
かぶ：1個
ブロッコリー：1/6株
バター：10g
小麦粉：小さじ2
牛乳：100ml
生クリーム：50ml
塩、こしょう：少々

〈オムレツ〉
とき卵：4個分
牛乳：大さじ2
バター：20g
塩、こしょう：少々
ご飯：茶碗2杯分
パセリ(飾り用)：適宜

[作り方]

〈根菜クリームソース〉
1 鶏もも肉、にんじん、れんこん、かぶはすべて1cm角に切る。
2 ブロッコリーは小房に分け、塩(分量外)を入れた熱湯でゆでる。
3 フライパンにバターを熱し、1を炒めたら小麦粉を振り入れ、さらに炒める。
4 3に牛乳と生クリームを少しずつ加え、混ぜながら約10分間加熱する。ブロッコリーを加え、塩、こしょうで味付けし、さらに混ぜる。

〈オムレツ〉
1 とき卵、牛乳、塩、こしょうは混ぜておく。
2 フライパンにバター10g(ひとり分)を熱し、1の半量を流し入れる。
3 箸でゆっくり円を描きながら混ぜ、半熟状になったらご飯にのせる。
4 根菜クリームソースをかけ、パセリのみじん切りを散らす。

オニオンのさっぱりサラダ

[材料　2人分]

玉ねぎ：1/4個
レッドオニオン：1/4個

〈あえ調味料〉
オリーブオイル：大さじ2
白ワインビネガー：大さじ1/2
塩、こしょう：少々

[作り方]
1 玉ねぎ、レッドオニオンは薄切りにして水にさらす。
2 調味料を混ぜる。
3 1、2をよくあえる。

なお's Vegetable advice
れんこんとブロッコリーのビタミンCが風邪を予防。玉ねぎの香り成分硫化アリルがビタミンB₁の吸収を助け新陳代謝を活発にしてくれます。

おまけレシピ

3つの
VEGETABLE
SWEETS

ダイエット中の息抜きに、
友だちへのプレゼントに……
体にやさしくて美味しい、
野菜を使ったスイーツ

パンプキンプリン

[材料　2人分]
かぼちゃ：150g
牛乳：50ml
生クリーム：50ml
砂糖：大さじ2
ゼラチン：3g
ぬるま湯：30ml

[作り方]
1 ゼラチンは30mlのぬるま湯でふやかしておく。
2 かぼちゃは皮と種を取り除き、適当な大きさに切って耐熱容器に入れ電子レンジで5分間加熱する。
3 2、牛乳、生クリーム、砂糖をミキサーに入れ、よく混ぜる。
4 3に1のゼラチンを加え、容器に流し込む。
5 冷蔵庫で1時間冷やし固める。
6 ホイップした生クリームを飾る。

美肌効果　免疫力UP　血行促進　疲労回復

さつまいもスティック

[材料 2人分]
さつまいも：1本
揚げ油：適宜
グラニュー糖：適宜

[作り方]
1 さつまいもは皮付きのまま2つに切り、さらに縦に6等分し、水にさらす。
2 1をラップで包み、電子レンジで5分間加熱する。
3 2の水気を拭き取り、170℃の揚げ油でかりっと揚げる。
4 熱いうちにグラニュー糖をまぶす。

整腸作用

美肌効果

Chapter.2 one week ランチと3つのおまけsweets

枝豆のフィナンシェ

[材料 2人分]
枝豆（むいた状態で）：50g
薄力粉：35g
アーモンドパウダー：35g
粉砂糖：50g
卵白：2個分
無塩バター：60g
はちみつ：小さじ2

[作り方]
1 薄力粉、アーモンドパウダーは合わせてふるう。
2 小鍋にバターを溶かし、ムース状になったら火を弱め、薄茶色に焦げるまで加熱する。
3 ボウルに卵白、粉砂糖、はちみつを入れ泡立て器で軽く混ぜる。
4 3に1を少しずつ加え、ゴムベラで混ぜる。
5 4に枝豆、2を加え混ぜる。
6 5のボウルにラップをかけ、冷蔵庫で1時間休ませる。
7 フィナンシェ型にバター（分量外）を塗り、生地を8分目まで流し入れる。
8 170℃のオーブンで15分間焼く。

美肌効果

疲労回復

3つの
VEGETABLE
SWEETS

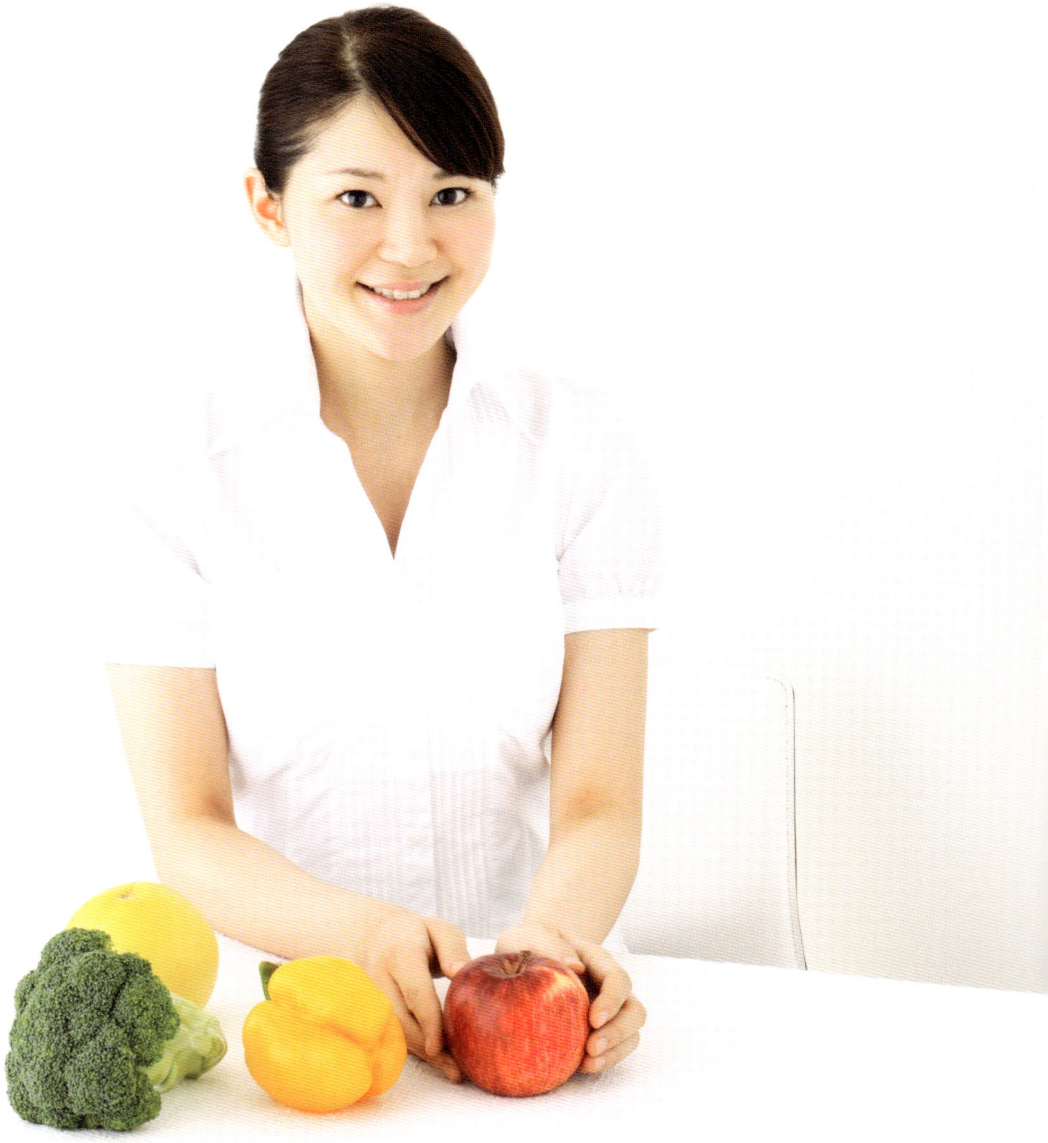

「内側からきれいになる、
それが『インナービューティー』です」

Column

「綺麗な肌になりたい！」
ミス日本を志したとき、その一心でひたすら高い化粧品を購入し、
いくつものエステにも通いました。
でもどんなに頑張っても自分の肌に満足できず落ち込み、
必死に「美肌になるための方法」を探しました。
そこで辿り着いたのが「インナービューティーケア」。
インナービューティーケアとは、ヘアメイクやファッションなどで
外見を表面的に美しく装うだけでなく、
自分の肉体そのものを内面から美しく整えていくこと。
生活の質を向上させ、内面から輝く美しさを目指すために、
体の内側からアプローチするビューティー、それが「インナービューティー」です。
「肌は内臓を現す鏡」と言われている通り、
内臓の調子が悪いと肌の調子も悪くなってしまいます。
食生活の改善、良質な睡眠、体内の毒素を取り除くデトックスが
インナービューティーケアを行ううえで重要なポイントなのです。
どんなに高価でクオリティの高い化粧品、パック、美容液を使っても、
基盤となる体の中、つまり内臓や細胞が整っていなければ
砂漠に水をかけ続けるようなもので、その効果はあまり期待できません。
「今」だけを考えるのではなく、これから先「綺麗に年を重ねたい」
「老化を少しでも遅らせたい」「美しさを持続させたい」と願うのであれば、
遠回りに見えて実は1番近道で確実な方法が「インナービューティーケア」なのです。
自分に自信が持てれば笑顔が増え自然と行動は前向きに変わり、
周りからの評価も変わり、夢や目標ができて未来が好転すると思うのです。
今日より少しだけハッピーな明日をつくるために、
今日より少しだけ綺麗な明日をつくるために、
無理なく続けられるインナービューティーケアを今日から始めてください。
私はインナービューティースペシャリストとして、
仕事もプライベートも両立しながら頑張る女性を心から応援しています！

友野なお

Chapter.3
10種類の
ベジジュース

10種類のジュースのつくり方はどれも簡単。
野菜やフルーツなどはすべて細かく刻んで、
そのほかの材料とまとめてミキサーにかけるだけ。
手軽にたっぷり野菜が摂れる嬉しいレシピです。
一杯のジュースを毎朝の習慣にして、
体を内側からきれいに！

Chapter.3 10種類のベジジュース

美肌効果　整腸作用　免疫力UP

びっくりするほど甘くてジューシー
リコピン＋ビタミンCが美肌に効く！

トマトと赤パプリカ、黄桃のミルキーシェーク

[材料　1人分]
黄桃(缶詰)：100g
トマト(中)：1/2個
赤パプリカ：1/4個
牛乳：200ml

なお's Vegetable advice
トマトに含まれるリコピンとパプリカのビタミンC、2つの野菜の相乗効果で美肌を作ります。さらに、黄桃の食物繊維と牛乳が腸の働きを活発に。

Chapter.3 10種類のベジジュース

たっぷりのカルシウムで骨を強化
ビタミンCもたっぷり、元気になれる

キウイと小松菜のグリーンジュース

[材料　1人分]
キウイ：1個
小松菜：30g
レモン汁：小さじ1
メープルシロップ：大さじ1
ミネラルウォーター：200ml

なお's Vegetable advice
キウイはビタミンCとカリウムが豊富なフルーツ、美肌作りには欠かせません。ほど良い酸味と小松菜のカルシウム効果で骨を丈夫に、疲労も回復。

骨を強化　疲労回復　美白効果　免疫力UP

女の子に嬉しい、つやつや肌をつくるジュース
冷やしておもてなしにもどうぞ

ミニトマトとイチゴの カルピス

[材料 1人分]

ミニトマト：2個
イチゴ：5粒
カルピス（原液）：50ml
ミネラルウォーター：150ml

なお's Vegetable advice

甘みも栄養もぎゅっと濃縮されたミニトマトはジュースにぴったり。イチゴはビタミンCが豊富なうえに、シワやシミを防ぐ効果もある嬉しいフルーツ。

美白効果

美肌効果

Chapter.3 10種類のベジジュース

ほくほくのさつまいもをジュースにしたら
心と体、両方ともすっきりさわやか

さつまいもとオレンジパプリカの
オレンジジュースMIX

[材料　1人分]
オレンジジュース：200ml
　※オレンジジュースは果汁100%
　のものを選んで。
さつまいも（ゆで）：50g
オレンジパプリカ：1/4個

なお's Vegetable advice
さつまいもとオレンジパプリカには美肌効果のあるビタミンCがたっぷり。整腸作用で体もすっきり、やさしい甘さが気持ちをリラックスさせてくれます。

美肌効果　整腸作用　リラックス

美肌効果　美白効果　骨を強化　整腸作用　むくみ解消

レッドベリーが美肌をつくり
かぶのカロテンが効果を長続きさせる

イチゴとラズベリー、かぶのヨーグルトドリンク

[材料　1人分]
イチゴ：5粒
ラズベリー：50g
かぶ(生)：1/2個
ヨーグルト：100g
牛乳：100ml
はちみつ：大さじ1

なお's Vegetable advice

肌の調子がイマイチな朝は、イチゴとラズベリーでビタミンCを集中補給。かぶが効果をサポートします。ヨーグルトの整腸作用にも期待して。

Chapter.3 10種類のベジジュース

効果抜群の栄養食材を集めたら
さっぱりクリーミーなジュースが完成！

大葉とバナナの
きな粉牛乳

[材料　1人分]
大葉：2枚
バナナ：1本
牛乳：200ml
きな粉：小さじ2
はちみつ：大さじ1

なお's Vegetable advice
大葉(青じそ)のビタミン、ミネラルの含有量は、野菜の中でもトップクラス。バナナときな粉が免疫力アップと腸の環境を整えます。冷やしすぎは禁物。

美肌効果

免疫力UP

整腸作用

美肌効果　整腸作用　代謝UP

カリフラワーと豆乳でお肌しっとり
ゆでにんじんを使うから、飲みやすい

りんごとにんじん、カリフラワーの豆乳ジュース

[材料　1人分]
りんご：1/4個
にんじん（ゆで）：1/4本
カリフラワー（ゆで）：30g
豆乳：200ml
はちみつ：大さじ1

なお's Vegetable advice
カリフラワーにはビタミンC、B_1に加えて肌や粘膜の健康を保つB_2が豊富。にんじんとりんごが効果を手助けします。はちみつも栄養豊富な健康食品です。

美肌効果　美白効果　整腸作用　リラックス

ビタミンEでしみ・そばかすを防止
ビネガー風味が目覚めの一杯にぴったり

レタスとりんごジュースのさっぱりドリンク

[材料　1人分]
レタス：40g
りんごジュース　200ml
　※りんごジュースは果汁100%のものを選んで。
りんご酢：小さじ1

なお's Vegetable advice
レタスに含まれるビタミンEが老化を防ぎ、肌の新陳代謝を高め、しみ・そばかすを防止。りんごとお酢の作用でたまった疲れもすっきり。

Chapter.3 10種類のベジジュース

美肌効果

整腸作用

甘くてさわやか、色も可愛いジュース
ビタミンCをたっぷり摂りたい時に

グレープフルーツと黄パプリカ、コーンのジュース

[材料 1人分]
グレープフルーツジュース：200ml
※生のグレープフルーツを絞って作れば、ビタミンアップ。
黄パプリカ：1/4個
コーン（ゆでまたは冷凍）：20g

なお's Vegetable advice
パプリカはピーマンよりも甘みが強くジューシー。抗酸化作用の高いビタミンCがたっぷり含まれています。コーンで食物繊維を補って整腸作用も期待。

ブルーベリー＋牛乳で効果アップ
仕事でじわじわ溜まった疲れを取り除く

ブルーベリーとにんじんのミルクジュース

[材料 1人分]
ブルーベリー（生または冷凍）：40g
にんじん（ゆで）：1/4本
牛乳：200ml
メープルシロップ：大さじ1

なお's Vegetable advice
ブルーベリーのアントシアニンが眼精疲労に効果的。食物繊維も多いので牛乳と合わせると整腸作用も期待できます。にんじんで免疫力アップも狙って。

免疫力UP

疲労回復

眼精疲労

整腸作用

ビタミンCのお話

健康と美容に欠かせないビタミンC
「蒸す」ことで栄養を逃がさない！

野菜や果物に多く含まれているビタミンCは、
単体でその効果を発揮するだけでなく、コラーゲンの生成を補ったり、
ビタミンEや鉄分の体内への吸収を助けたりする優秀な栄養素です。
しかし、水溶性のビタミンなのでむやみと摂取してもどんどん体外へ流れ出てしまいます。
一度にたくさんのビタミンCを摂るのではなく、1日の間でチョコチョコ摂るようにすると効果的です。
同時に、ビタミンCは加熱にも弱いので調理法にも工夫が必要です。
生で食べたり、スープにしたりして、丸ごといただくのもおすすめ。
洗い過ぎ、茹で過ぎ、水などにさらし過ぎるとビタミンCが
水に流れ出てしまう原因となるので注意してください。

調理法のなかで、私が注目しているのが「蒸す」こと。
加熱料理で失われやすいビタミンCやその他の栄養素の損失を
少なく抑えることができるヘルシーな調理法です。
じんわりと蒸すことで、野菜が本来持つ自然な甘みも味わえます。

**効率よく簡単にビタミンCを摂取する
「野菜ジュース」もおすすめです。**

もうひとつ、私が日々実践しているのが、野菜ジュースをつくること。
材料を細かく刻んで、豆乳や牛乳などの水分と一緒にミキサーにかけるだけで、
栄養たっぷりジュースのできあがり。
新鮮なビタミンCを手軽に効率よく摂取することができます。
ただ、作ってから時間が経つと変色してしまうし、
同時に栄養素もどんどん損なわれてしまうので、つくり立てを飲むのがポイントです。

健康と美容を意識するうえで欠かせない「ビタミンC」を効果的に摂取して、
インナービューティーを目指してください。

友野なお

Chapter.4

野菜たっぷり
スープ10

夕食にも朝食にもなる、つくり置きにもぴったりの、
簡単で体に嬉しいスープが10種類。
お鍋ひとつでできるスープなら、
忙しいときでも気軽につくれます。
レシピをベースに、旬の野菜や
自分の好きな素材を加えて自由にアレンジしてみて。

Chapter.4 野菜たっぷりスープ10

美容効果バツグンのカリフラワーを使って
ふんわり温かいスープをつくります

カリフラワーのポタージュ

[材料　2人分]
- カリフラワー：100g
- 玉ねぎ：1/4個
- 牛乳：200ml
- 水：200ml
- コンソメ：4.5g
- バター：10g
- 塩、こしょう：少々
- パセリ(飾り用)：適宜
- クルトン(飾り用)：6個

[作り方]
1. 玉ねぎは薄切り、カリフラワーは小房に分けてお酢(分量外)を入れたたっぷりの熱湯でゆでる。
2. 1の玉ねぎ、カリフラワーをバターで炒め、水とコンソメを加えて3分ほど煮る。牛乳を加え、さらに温める。
3. 2の火を止め、粗熱がとれたらミキサーにかけなめらかにする。
4. 3を鍋に戻し温める。器に盛り、パセリのみじん切り、クルトンを散らす。

なお's Vegetable advice
カリフラワーには免疫力をアップし、コラーゲン生成作用のあるビタミンCが豊富。加熱してもビタミンが壊れにくいのでスープにぴったりの野菜です。

美肌効果　疲労回復　代謝UP

忙しい毎日を心強くサポート
体の調子を整えてくれるやさしい味

きゃべつとソーセージのスープ

[材料　2人分]
きゃべつ：50g
ミニトマト：4個
ソーセージ：4本
水：300ml
コンソメ：4.5g
黒こしょう：適宜

[作り方]
1 きゃべつは食べやすい大きさに切る。ミニトマト、ソーセージは半分に切る。
2 鍋にサラダ油（分量外）を熱し、ソーセージを軽く炒めたら水、コンソメ、きゃべつを加え3分ほど煮込む。
3 ミニトマトを加え温める。
4 器に盛り、黒こしょうを散らす。

なお's Vegetable advice
きゃべつの芯のまわりにはビタミンCが豊富。効率よく摂るにはスープが最適。ソーセージとミニトマトを加えて満足度もアップ、朝食にぴったりです。

代謝UP / 整腸作用 / 美肌効果 / リラックス

鉄分豊富なアサリで貧血予防
野菜のうまみがぎゅっと詰まっています

クラムチャウダー

[材料　2人分]
- アサリ(缶)：50g
- じゃがいも：1個
- にんじん：1/4本
- 玉ねぎ：1/4個
- グリーンピース(粒)：20g
- 小麦粉：大さじ1
- 水：200ml
- 牛乳：100ml
- 白ワイン：大さじ1
- チキンブイヨン：1個(4g)
- 塩：少々
- パセリ(飾り用)：適宜

[作り方]
1. 玉ねぎは粗みじん切り、にんじん、じゃがいもは1cm角に切る。
2. 鍋にサラダ油(分量外)を熱し、1の野菜を炒める。
3. 2に火が通ったら小麦粉を振り入れ、粉っぽさがなくなるまでなじませる。
4. グリーンピース、アサリ缶(汁ごと)、水、牛乳、白ワイン、チキンブイヨン、塩を加え、ひと煮立ちさせる。
5. 器に盛り、パセリのみじん切りを散らす。

整腸作用　美肌効果　貧血予防

なお's Vegetable advice
にんじんのカロテンは肌の老化をストップしてくれます。栄養豊富で食物繊維もたくさん含んでいるグリーンピース、旬の間はさやつきのものを選んで。

夏野菜のうまみと栄養を濃縮！
じっくり煮込めば煮込むほど美味しい

ミネストローネ

[材料　2人分]

- トマト水煮缶：1/2缶
- 玉ねぎ：1/4個
- にんじん：1/4本
- セロリ：1/4本
- ズッキーニ：1/4本
- じゃがいも：1個
- 厚切りベーコン：20g
- にんにく（みじん切り）：ひとかけ分
- オリーブオイル：小さじ1
- コンソメ：4.5g
- 水：300ml
- 塩：少々
- イタリアンパセリ（飾り用）：適宜

[作り方]

1. 玉ねぎ、にんじん、セロリ、ズッキーニ、じゃがいも、厚切りベーコンは1cm角に切る。
2. 鍋にオリーブオイルを熱し、にんにくを炒める。
3. 香りが立ったら厚切りベーコンを加え、炒める。
4. 野菜をすべて加え、全体に油がなじんだら水とコンソメを入れて15分間煮込む。
5. トマト水煮缶を崩しながら加え、塩で味を整える。
6. 器に盛り、イタリアンパセリを飾る。

なお's Vegetable advice

完熟してから加工するトマト缶は栄養素がたっぷり。生トマトと上手に使い分けて。セロリは栄養素豊富なだけでなく、独特の香りで食欲アップ効果も。

美肌効果　美白効果　整腸作用

寒い日はもちろん、エアコン対策にも
体が芯から温まるスープです

ふんわりれんこんスープ

冷え防止　整腸作用　美肌効果　疲労回復

[材料　2人分]

れんこん：200g
しめじ：1/2パック(50g)
にんじん：1/4本
鶏がらスープの素：小さじ1
醤油：大さじ1
酒：大さじ2
水：300ml
わけぎ(飾り用)：適宜

[作り方]

1 れんこんは皮をむき、水(分量外)にしばらくつけてからすりおろす。
2 しめじは石づきを除いて小房に分ける。にんじんは皮付きのまま短冊切りにする。
3 鍋に鶏がらスープの素、醤油、酒、水を入れて強火にかけ、煮立ったらにんじんを加えて2分間煮る。
4 3に1を加え、さらに煮る。
5 とろみが出たら器に盛り、刻んだわけぎを散らす。

なお's Vegetable advice

れんこんはビタミンCが豊富で、ビタミンB_1、B_2、ミネラル分も含む野菜。身体を内側からきれいにしてくれて、疲労回復、肌荒れ防止にも◎。

レタスのビタミンEで血行促進
しゃきしゃき歯ごたえも楽しめる

レタスの豆乳スープ

[材料　2人分]
レタス：30g
ベーコン：40g
コーン（冷凍または缶）：20g
しょうが（すりおろし）小さじ1
豆乳：300ml
固形ブイヨン：1個
オリーブオイル：大さじ1
塩、こしょう：少々

[作り方]
1 レタスは手で小さめにちぎり、ベーコンは1cm幅に切る。
2 鍋にオリーブオイルを熱し、ベーコンを炒める。
3 ベーコンがかりっとしたら、レタス、しょうが、豆乳を加え、沸騰直前まで温める。
4 コーン、固形ブイヨンを加え、塩、こしょうで味を整える。

なお's Vegetable advice
レタスはビタミン、ミネラル、食物繊維をバランス良く含む低カロリー野菜。ビタミンEが血行促進と代謝アップに、食物繊維が整腸効果あり。

美肌効果　代謝UP　リラックス　整腸作用

肌を若返らせるかぶがたっぷり
えびのうまみも丸ごと味わいたい

かぶと干しえびの中華スープ

[材料 2人分]
かぶ(葉付き)：2個
干しえび：10g
鶏がらスープの素：小さじ1
ごま油：大さじ 1
水：300ml
片栗粉：小さじ1
(大さじ1の水でといておく)
白ごま　適宜

[作り方]
1 かぶは8つに切り、かぶの葉は3cm程度に切る。
2 鍋にごま油を熱しかぶをいため、油がまわってつやが出たら葉を加え、さらにさっと炒める。
3 2に干しえび、鶏がらスープの素、水を加え10分間煮込む。
4 水とき片栗粉でとろみをつける。
5 器に盛り、白ごまを散らす。

なぉ's Vegetable advice

かぶの白い実の部分には消化酵素が、葉の部分には葉の部分にはカロテン、ビタミンB1、B2、Cなどが豊富。葉が生き生きしているものを選んで。

美肌効果

疲労回復

むくみ解消

たんぱく質とミネラルをバランス良く
豆苗の食感と香りも楽しんで

春雨とキムチのスープ

[材料　2人分]
- 緑豆春雨：20g
- 鶏ささみ：1枚
- しいたけ(生)：1枚
- 白菜キムチ：50g
- 豆苗：ひとパック
- 卵：1個
- 鶏がらスープの素：小さじ1
- 酒：大さじ1
- 水：400ml

[作り方]
1. 緑豆春雨は熱湯でもどし、食べやすい長さに切る。
2. 鶏ささみはひと口大に切り、白菜キムチは食べやすい大きさに切る。豆苗は食べやすい長さに切る。
3. 生しいたけは石づきを切り落とし、ペーパーで汚れをふき取る。軸は手で縦にさき、かさは薄切りにする。
4. 鍋に水、鶏がらスープの素、酒を入れ煮立てる。
5. 4に緑豆春雨、鶏ささみ、白菜キムチ、豆苗、しいたけを加え5分間煮込む。
6. とき卵をまわし入れる。

なお's Vegetable advice
豆苗はえんどうの若芽、くせがなくて甘みがあるので食べやすい野菜。βカロテンが非常に豊富でビタミンも多く含むなど、すぐれた栄養素が詰まっています。

美肌効果　免疫力UP　眼精疲労　骨を強化

これをマスターすれば一生もの!?
誰もがほっとするなつかしい味

豚汁

[材料 2人分]
- 豚バラ肉(薄切り):80g
- ごぼう:1/4本
- にんじん:1/4本
- こんにゃく:1/2枚(70g)
- だし汁:300ml
- 味噌:30g
- あさつき(飾り用):適宜

[作り方]
1. 豚バラ肉はひと口大に切り、ごぼうは薄切りにして水にさらす。にんじんはいちょう切りにする。
2. こんにゃくは水から5分ほどゆで、さましてから手でちぎる。
3. 鍋にだし汁を煮立て、豚バラ肉を入れて沸騰したらアクを取る。
4. 2にごぼう、にんじん、こんにゃくを加え、5分間煮たら味噌を溶く。
5. 器に盛り、あさつきを散らす。

美肌効果　美白効果　代謝UP　整腸作用

なお's Vegetable advice
ごぼうは食物繊維が特に豊富で、腸内環境を整えるのには最適の野菜。味噌の酵素が消化を、こんにゃくがカロリーコントロールをサポート、すっきりを実感。

Chapter.4 野菜たっぷりスープ10

食欲がどうしても出ないときに
さわやかな甘みが夏の疲れに効く

枝豆の冷製ポタージュ

[材料 2人分]

枝豆（ゆでまたは冷凍）：80g
玉ねぎ：1/4個
コンソメ：大さじ1
牛乳：200ml
水：100ml
塩、こしょう：少々
生クリーム：適宜

[作り方]

1 鍋にサラダ油（分量外）を熱し、薄切りにした玉ねぎを炒める。
2 玉ねぎが飴色になったら牛乳、水、枝豆を加え、沸騰直前まで温める。
3 2にコンソメを加え、粗熱がとれたらミキサーでなめらかにする。
4 塩、こしょうで味を整え、冷蔵庫で冷やす。
5 器に盛り、表面に生クリームを流す。

なお's Vegetable advice
枝豆には良質なたんぱく質のほか、カルシウム、カリウムも豊富。カロテンやビタミンCも多く含みます。夏の不調を解消してくれる頼もしい野菜です。

貧血予防　骨を強化

ビューティ🌸野菜レシピに欠かせない
おすすめ調味料＆食材

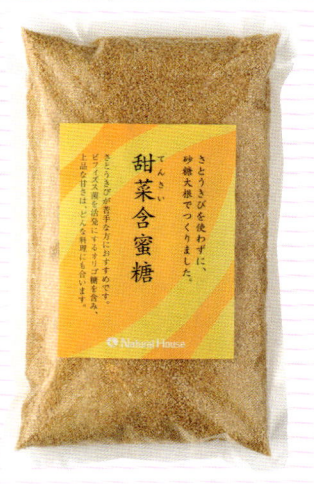

玄米
珍しいカリフォルニア産のあきたこまち。柔らかくて食べやすいので、玄米初心者にもおすすめです。いろいろ食べ比べて、好みの味を見つけて。
有機玄米　1,470円／オーガニック・ギルド(03-5825-7620)
http://www.organicguild.co.jp/

なおも愛用！
砂糖
料理に使うなら、白砂糖よりもナチュラルシュガーの優しくて上品な甘さが◎。甜菜糖(てんさいとう)の原材料は砂糖大根、お腹の調子を整えてくれます。
甜菜含蜜糖　399円／ナチュラルハウス青山店(03-3498-2277)
http://www.naturalhouse.co.jp/

醤油
もろみに天然塩を使い、昔ながらの本醸造方式で仕込んだ味わいの有機醤油。味の変質を防ぐためにも冷蔵庫保存がベター。
有機醤油(150ml)　398円／オーガニック・ギルド(03-5825-7620)
http://www.organicguild.co.jp/

りんご酢
普通のお酢に比べて、さわやかですっきりとした風味が特徴。有機りんご果汁のみを使用しているので、本当にフルーティ。
有機純りんご酢　525円／オーガニック・ギルド(03-5825-7620)
http://www.organicguild.co.jp/

なおも愛用！
塩
美しい宮古島の海で作られた、本当に美味しいお塩。「世界一多くのミネラルを含む」と、ギネスにも認定済み。
雪塩(120g)　630円／パラダイスプラン(0120-408-385)
http://www.yukisio.com/

マヨネーズ
日本人なら誰もがなじんだこの味。新鮮な卵黄と独自ブレンドのお酢を使ったうま味とコクが特徴。赤いキャップもシンプルなパッケージも可愛い。
マヨネーズ(500g)　375円／キユーピーお客様相談室(0120-14-1122)
http://www.kewpie.co.jp/

なおも愛用！

はちみつ
アカシアのはちみつは、固まりにくく扱いやすいのが嬉しい。ヘルシーでくせの少ない甘さが料理にもぴったり。
Castle Combe　はちみつ（ハンガリー・アカシア）　900円／
伊豆自然郷（03-3396-0860）
http://castlecombe.cc/

美香も愛用！

マヌカハニー
マヌカとは、ニュージーランドに自生するハーブのこと。体が本来持っている力を高めて、健康維持を助けてくれるはちみつです。
マヌカハニー　5,980円／ナチュラルハウス青山店（03-3498-2277）
http://www.naturalhouse.co.jp/

バルサミコ酢
12年熟成させた極上のバルサミコ酢は、とろりと深くまろやかな味わいと独特の甘み。料理の仕上げやデザートに使うのがおすすめです。
12年熟成オーガニックバルサミコ酢
5,775円／ナチュラルハウス青山店
（03-3498-2277）
http://www.naturalhouse.co.jp/

美香も愛用！

オリーブジュース
完熟オリーブを絞って、自然に水分と油分を分離させた上澄みだけを詰めています。だから、オイルじゃなくてジュースなんです。
kiyoe　オリーブジュース100％オイル（120ml）　1,523円／DEAN & DELUCA
六本木（03-5413-3580）
http://www.deandeluca.co.jp/

バジルスプレッド
ソフトな食感の有機マーガリンとバジル、エクストラバージンオリーブオイルでできたスプレッド。野菜をもりもり食べたいときに。
有機スプレッド（バジル＆オリーブ）　598円／オーガニック・ギルド（03-5825-7620）
http://www.organicguild.co.jp/

なおも愛用！

石垣島ラー油
一度味わったら忘れられない、何とも複雑で奥行きのある味。ジャンルを超えた美味しさです。蒸し野菜のソースに混ぜてみて！
石垣島ラー油　800円／ペンギン食堂
（0980-88-7030）
http://www.ishigaki-pengin.com

黒豆ゼリー
黒豆を有機砂糖でふっくらと炊き上げ、煮汁と一緒に寒天で固めたゼリー。野菜料理じゃないけれどおすすめしちゃいます。
黒豆ゼリー　242円／ナチュラルハウス青山店（03-3498-2277）
http://www.naturalhouse.co.jp/

ビューティ☀︎野菜レシピに欠かせない
おすすめ調理グッズ

ゴム手袋
手荒れ防止のゴム手袋も、せっかくならカラフルで可愛いものを使いたい。手首を折り返せるので水が入ってこないのが嬉しい。
カサベラグローブ　各840円／Francfranc (0120-500-924)
http://www.francfranc.com/

美香も愛用！
せいろ
せいろと言えばやっぱりこの形。ふたと本体を組み合わせられるので、買い足しもOKです。これで蒸した野菜はびっくりするほど甘い！
蓋(24cm)　893円〜、本体(24cm)　各893円〜、蒸し板(29cm)　1995円／照宝 (045-681-0234)
※蒸し板があれば、手持ちの鍋やフライパンで、手軽にせいろが楽しめます。

ココット
オーブン料理に欠かせないココットも、こんなレトロ柄のものがあるとテーブルが華やかに。横浜の老舗ブランドのオリジナルです。
タカラダオリジナルスフレ　左から)丸型3.5インチ　735円、丸型5インチ　1,890円、角型3.5インチ　525円、角型5インチ945円／タカラダ元町本店 (045-641-0057)
http://www.takarada.co.jp/

美香も愛用！
包丁
良い包丁は一生もの。実際に触れてみて、自分の手に合う形と重さのものを選んで。ペティナイフは一本持っていると使い勝手が◎。
ツインフィン 上から)マルチパーパスナイフ(18cm)　10,500円、パンナイフ　9,975円、ペティナイフ　7,350円／ツヴィリングJ.A.ヘンケルスジャパン (0120-75-7155)
http://www.zwilling.jp/

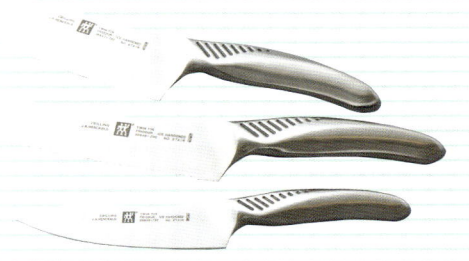

カッティングボード
まな板は何枚かそろえて食材によって使い分けると調理がスムーズ。柔らかく曲がるカッティングシートなら、切った食材を直接お鍋にイン！
左から)キャンディーカッティングシート　各900円、キャンディーカッティングボードL　1,300円、キャンディーカッティングボードS　980円／Francfranc (0120-500-924)
http://www.francfranc.com/

パック&レンジ
ふたをしたままレンジに、ふたを外せばオーブンウェアとして使えるパイレックス保存容器。スタッキングできるので、冷蔵庫の中でもすっきり。
パック&レンジ 小（ホワイト） 各630円、中（ホワイト） 1,050円、大（ホワイト） 1,365円／岩城ハウスウエア お客様サービスセンター（047-460-3764）
http://www.igc.co.jp/

美香も愛用！

オーブンミトン
水玉や花柄、ガーリーな柄が料理タイムを楽しくしてくれます。新作が出るとついつい見に行ってしまう、大好きなお店。
オーブンミトン 各2,520円／キャス・キッドソン代官山店（03-5784-1352）
http://www.united-arrows.co.jp/cathkidston/

なおも愛用！

ボウル、計量カップ、泡立て器
ユニークな形と使いやすさで、すっかり定番になったOXOのキッチンツール。小さな泡立て器（ウィスク）は、ひとつあると本当に便利。
アングルドメジャーカップ中 1,470円、ウィスク小 1,365円、ミニミキシングボウル（フタ付） 840円／OXO（オクソー） カスタマーサポート （0570-031212）
http://www.oxo.com/

美香も愛用！

ジューサーミキサー
シンプルで使いやすくて、お値段もお手頃。シンプルな形だから洗いやすくていつも清潔です。ミキサーで迷っているなら、まずはこれを使ってみて！
ジューサーミキサー（ミル機能付） 4,900円／無印良品 有楽町（03-5208-8241）
http://www.muji.net/

おいしい野菜料理を食べるために

Natural House
ナチュラルハウス青山店 03-3498-2277
http://www.naturalhouse.co.jp/
1978年に自然食品専門店としてスタート、1982年に「株式会社ナチュラルハウス」が誕生。以来、食べる人と作る人、両方のつながりを大切にしながら、健康で安心な暮らしを提案しているオーガニックマーケット。首都圏を中心に全国30店舗を展開、なかでも青山店は野菜から生鮮食品、パン、オリジナルコスメまで幅広い品揃え。オンラインショップでも商品を購入可能です。

AMC
AMC"よりよい食事 よりよい生活"スタジオ ジャパン 03-5724-3104
http://www.amcjapan.co.jp/
1963年にドイツで創業、世界40数カ国に拠点を持つ世界最高水準の調理器具ブランド。製品はどれも「健康的で美味しく」「速く」「こんがり焼く、カリカリに焼く」「コンビニエントな」「経済的で環境に配慮した」の5つのスタイルで表されているように、簡単で分かりやすいのが特徴。恵比寿で随時開催されている体験クッキング教室で実感してみて。

Organic Guild
オーガニック・ギルド 03-5825-7620
http://www.organicguild.co.jp/
食のエキスパートたちが企業の枠を越えて「健康」「安心」「安全」をキーワードに集い、自信をもって提供できる商品を開発。現在は米、調味料、加工食品、マーガリンなどおよそ40品目を展開。次々増えるラインナップに注目したい。

野菜別料理INDEX

【あ】

あさつき
86　豚汁

アスパラガス
14　アスパラガスのチーズ春巻き
52　ミニ野菜ハンバーグと
　　ドライカレーのお弁当

アボカド
48　ライ麦パンのグリーンサンドイッチ

イタリアンパセリ
12　春野菜のHOTサラダ
81　ミネストローネ

イチゴ
44　サーモンサンドとブロッコリーの
　　ランチセット
68　ミニトマトとイチゴのカルピス
70　イチゴとラズベリー、
　　かぶのヨーグルトドリンク

枝豆
46　炊き込みご飯とおひたしの和風弁当
61　枝豆のフィナンシェ
87　枝豆の冷製ポタージュ

エリンギ
26　きのこたっぷり明太子パスタ
46　炊き込みご飯とおひたしの和風弁当

黄桃
66　トマトと赤パプリカ、黄桃のミルキーシェーク

大葉
22　なすのタルタルサラダ
26　きのこたっぷり明太子パスタ
30　しいたけの肉詰め
50　玄米おにぎりとひじきの煮物のお弁当
71　大葉とバナナのきな粉牛乳

おくら
50　玄米おにぎりとひじきの煮物のお弁当

【か】

かぶ
44　サーモンサンドとブロッコリーの
　　ランチセット
56　ふわふわオムライスとオニオンサラダ
70　イチゴとラズベリー、
　　かぶのヨーグルトドリンク
84　かぶと干しえびの中華スープ

かぼちゃ
22　かぼちゃのサラダ
54　ミニかぼちゃのグラタンと
　　夏野菜のサラダ(ミニかぼちゃ)
58　パンプキンプリン

カリカリ梅
50　玄米おにぎりとひじきの煮物のお弁当

カリフラワー
72　りんごとにんじん、
　　カリフラワーの豆乳ジュース
78　カリフラワーのポタージュ

キウイ
44　サーモンサンドとブロッコリーの
　　ランチセット
67　キウイと小松菜のグリーンジュース

きな粉
71　大葉とバナナのきな粉牛乳

きゃべつ
12　春野菜のHOTサラダ
79　きゃべつとソーセージのスープ

キュウリ
48　ライ麦パンのグリーンサンドイッチ

グリーンカール
48　ライ麦パンのグリーンサンドイッチ

グリーンピース
80　クラムチャウダー

クルミ
48　ライ麦パンのグリーンサンドイッチ

グレープフルーツ
73　グレープフルーツと黄パプリカ、
　　コーンのジュース

木の芽
12　春野菜のHOTサラダ

ごぼう
46　炊き込みご飯とおひたしの和風弁当
86　豚汁

ごま
23　なすのタルタルサラダ
38　ほうれん草の黒ごまあえ
38　れんこんのきんぴら

小松菜
67　キウイと小松菜のグリーンジュース

【さ】

さつまいも
28　さつまいものハニーマスタードあえ
60　さつまいもスティック
69　さつまいもとオレンジパプリカの
　　オレンジジュースMIX

さやいんげん
48　ライ麦パンのグリーンサンドイッチ

さやえんどう
12　春野菜のHOTサラダ

サラダ菜
52　ミニ野菜ハンバーグと
　　ドライカレーのお弁当

しいたけ
30　しいたけの肉詰め
30　玉ねぎのチリソース炒め
46　炊き込みご飯とおひたしの和風弁当
85　春雨とキムチのスープ

しめじ
26　きのこたっぷり明太子パスタ
46　炊き込みご飯とおひたしの和風弁当
82　ふんわりれんこんスープ

じゃがいも
10　揚げじゃがのバジルソース
48　ライ麦パンのグリーンサンドイッチ
80　クラムチャウダー
81　ミネストローネ

しょうが
32　たっぷりにらのナシゴレン
83　レタスの豆乳スープ

スイートバジル
10　揚げじゃがのバジルソース

ズッキーニ
18　丸ごと！ズッキーニ
81　ミネストローネ

セロリ
34　セロリとりんごの
　　シャキシャキヨーグルトサラダ
81　ミネストローネ

【た】

玉ねぎ
12　ピザ風新玉ねぎ
20　とうもろこしのクリーミーコロッケ
22　なすのタルタルサラダ
30　しいたけの肉詰め
30　玉ねぎのチリソース炒め
34　たっぷりにらのナシゴレン
48　ライ麦パンのグリーンサンドイッチ
52　ミニ野菜ハンバーグと
　　ドライカレーのお弁当
54　ミニかぼちゃのグラタンと夏野菜のサラダ

56 ふわふわオムライスとオニオンサラダ
78 カリフラワーのポタージュ
80 クラムチャウダー
81 ミネストローネ
87 枝豆の冷製ポタージュ

豆乳
54 ミニかぼちゃのグラタンと夏野菜のサラダ
72 レタスとりんごジュースの
　　さっぱりドリンク
83 レタスの豆乳スープ

豆苗
85 春雨とキムチのスープ

とうもろこし
20 とうもろこしのクリーミーコロッケ
73 グレープフルーツと黄パプリカ、
　　コーンのジュース
83 レタスの豆乳スープ

トマト
20 カプレーゼ
44 サーモンサンドとブロッコリーの
　　ランチセット
54 ミニかぼちゃのグラタンと夏野菜のサラダ
66 トマトと赤パプリカ、
　　黄桃のミルキーシェーク
81 ミネストローネ(トマト水煮缶)

【な】

なす
22 なすのタルタルサラダ
54 ミニかぼちゃのグラタンと夏野菜のサラダ

菜の花
10 菜の花の辛子あえ

にら
34 たっぷりにらのナシゴレン

にんじん
28 ベトナム風にんじんサラダ
30 しいたけの肉詰め
48 ライ麦パンのグリーンサンドイッチ
50 玄米おにぎりとひじきの煮物のお弁当
56 ふわふわオムライスとオニオンのサラダ
72 りんごとにんじん、
　　カリフラワーの豆乳ジュース
73 ブルーベリーとにんじんのミルクジュース
80 クラムチャウダー
81 ミネストローネ
82 ふんわりれんこんスープ
86 豚汁

にんにく
10 揚げじゃがのバジルソース
12 ピザ風新玉ねぎ

30 玉ねぎのチリソース炒め
34 たっぷりにらのナシゴレン
46 炊き込みご飯とおひたしの和風弁当
81 ミネストローネ

【は】

パクチー
34 たっぷりにらのナシゴレン

パセリ
36 セロリとりんごの
　　シャキシャキヨーグルトサラダ
48 ライ麦パンのグリーンサンドイッチ
54 ミニかぼちゃのグラタンと夏野菜のサラダ
56 ふわふわオムライスとオニオンサラダ
78 カリフラワーのポタージュ
80 クラムチャウダー

バナナ
71 大葉とバナナのきな粉牛乳

パプリカ
66 トマトと赤パプリカ黄桃の
　　ミルキーシェーク
69 さつまいもとオレンジパプリカの
　　オレンジジュースMIX
73 グレープフルーツと黄パプリカ、
　　コーンのジュース

ピーナツ
28 ベトナム風にんじんサラダ

ピーマン
30 しいたけの肉詰め
30 玉ねぎのチリソース炒め
52 ミニ野菜ハンバーグと
　　ドライカレーのお弁当

ひじき
50 玄米おにぎりとひじきの煮物のお弁当

ひよこ豆
22 なすのタルタルサラダ

フリルレタス
44 サーモンサンドとブロッコリーの
　　ランチセット

ブルーベリー
73 ブルーベリーとにんじんのミルクジュース

ブロッコリー
44 サーモンサンドとブロッコリーの
　　ランチセット
56 ふわふわオムライスとオニオンサラダ

ほうれん草
36 ほうれん草の黒ごまあえ

【ま】

松の実
10 揚げじゃがのバジルソース

ミックスベジタブル
52 ミニ野菜ハンバーグと
　　ドライカレーのお弁当

ミニトマト
36 芽きゃべつのココット(マイクロトマト)
48 ライ麦パンのグリーンサンドイッチ
52 ミニ野菜ハンバーグと
　　ドライカレーのお弁当
54 ミニかぼちゃのグラタンと夏野菜のサラダ
68 ミニトマトとイチゴのカルピス
79 きゃべつとソーセージのスープ

芽きゃべつ
36 芽きゃべつのココット

モロヘイヤ
46 炊き込みご飯とおひたしの和風弁当

【ら】

ラズベリー
70 イチゴとラズベリー、
　　かぶのヨーグルトドリンク

りんご
36 セロリとりんごの
　　シャキシャキヨーグルトサラダ
44 サーモンサンドとブロッコリーの
　　ランチセット
72 りんごとにんじん、
　　カリフラワーの豆乳ジュース

レーズン
22 かぼちゃのサラダ
52 ミニ野菜ハンバーグと
　　ドライカレーのお弁当

レタス
72 レタスとりんごジュースの
　　さっぱりドリンク
83 レタスの豆乳スープ

れんこん
38 れんこんのきんぴら
56 ふわふわオムライスとオニオンサラダ
82 ふんわりれんこんスープ

【わ】

わけぎ
82 ふんわりれんこんスープ

効能別INDEX

美肌効果

- 10　菜の花の辛子あえ
- 10　揚げじゃがのバジルソース
- 12　春野菜のHOTサラダ
- 14　アスパラガスのチーズ春巻き
- 18　丸ごと！ズッキーニ
- 20　カプレーゼ
- 20　とうもろこしのクリーミーコロッケ
- 22　かぼちゃのサラダ
- 22　なすのタルタルサラダ
- 28　ベトナム風にんじんサラダ
- 28　さつまいものハニーマスタードあえ
- 36　芽きゃべつのココット
- 38　れんこんのきんぴら
- 38　ほうれん草の黒ごまあえ
- 44　サーモンサンドとブロッコリーのランチセット
- 46　炊き込みご飯とおひたしの和風弁当
- 48　ライ麦パンのグリーンサンドイッチ
- 52　ミニ野菜ハンバーグとドライカレーのお弁当
- 54　ミニかぼちゃのグラタンと夏野菜のサラダ
- 56　ふわふわオムライスとオニオンサラダ
- 58　パンプキンプリン
- 60　さつまいもスティック
- 61　枝豆のフィナンシェ
- 66　トマトと赤パプリカ、黄桃のミルキーシェーク
- 68　ミニトマトとイチゴのカルピス
- 69　さつまいもとオレンジパプリカのオレンジジュースMIX
- 70　イチゴとラズベリー、かぶのヨーグルトドリンク
- 71　大葉とバナナのきな粉牛乳
- 72　りんごとにんじん、カリフラワーの豆乳ジュース
- 72　レタスとりんごジュースのさっぱりドリンク
- 73　グレープフルーツと黄パプリカ、コーンのジュース
- 78　カリフラワーのポタージュ
- 79　きゃべつとソーセージのスープ
- 80　クラムチャウダー
- 81　ミネストローネ
- 82　ふんわりれんこんスープ
- 83　レタスの豆乳スープ
- 84　かぶと干しえびの中華スープ
- 85　春雨とキムチのスープ
- 86　豚汁

美白効果

- 14　アスパラガスのチーズ春巻き
- 20　カプレーゼ
- 36　芽きゃべつのココット
- 44　サーモンサンドとブロッコリーのランチセット
- 48　ライ麦パンのグリーンサンドイッチ
- 54　ミニかぼちゃのグラタンと夏野菜のサラダ
- 67　キウイと小松菜のグリーンジュース
- 68　ミニトマトとイチゴのカルピス
- 70　イチゴとラズベリー、かぶのヨーグルトドリンク
- 72　レタスとりんごジュースのさっぱりドリンク
- 81　ミネストローネ
- 86　豚汁

整腸作用

- 12　春野菜のHOTサラダ
- 22　なすのタルタルサラダ
- 26　きのこたっぷり明太子パスタ
- 28　さつまいものハニーマスタードあえ
- 34　たっぷりにらのナシゴレン
- 36　セロリとりんごのシャキシャキヨーグルトサラダ
- 44　サーモンサンドとブロッコリーのランチセット
- 46　炊き込みご飯とおひたしの和風弁当
- 50　玄米おにぎりとひじきの煮物のお弁当
- 60　さつまいもスティック
- 66　トマトと赤パプリカ、黄桃のミルキーシェーク
- 69　さつまいもとオレンジパプリカのオレンジジュースMIX
- 70　イチゴとラズベリー、かぶのヨーグルトドリンク
- 71　大葉とバナナのきな粉牛乳
- 72　りんごとにんじん、カリフラワーの豆乳ジュース
- 72　レタスとりんごジュースのさっぱりドリンク
- 73　グレープフルーツと黄パプリカ、コーンのジュース
- 73　ブルーベリーとにんじんのミルクジュース
- 79　きゃべつとソーセージのスープ
- 80　クラムチャウダー
- 81　ミネストローネ
- 82　ふんわりれんこんスープ
- 83　レタスの豆乳スープ
- 86　豚汁

免疫力UP

- 10　菜の花の辛子あえ
- 10　揚げじゃがのバジルソース
- 18　丸ごと！ズッキーニ
- 20　とうもろこしのクリーミーコロッケ
- 28　ベトナム風にんじんサラダ
- 30　しいたけの肉詰め
- 30　玉ねぎのチリソース炒め
- 36　芽きゃべつのココット
- 50　玄米おにぎりとひじきの煮物のお弁当
- 52　ミニ野菜ハンバーグとドライカレーのお弁当

54 ミニかぼちゃのグラタンと夏野菜のサラダ	48 ライ麦パンのグリーンサンドイッチ	**骨を強化**
56 ふわふわオムライスとオニオンサラダ	50 玄米おにぎりとひじきの煮物のお弁当	30 しいたけの肉詰め
58 パンプキンプリン	52 ミニ野菜ハンバーグと ドライカレーのお弁当	67 キウイと小松菜のグリーンジュース
66 トマトと赤パプリカ、 黄桃のミルキーシェーク	56 ふわふわオムライスとオニオンサラダ	70 イチゴとラズベリー、 かぶのヨーグルトドリンク
67 キウイと小松菜のグリーンジュース	58 パンプキンプリン	85 春雨とキムチのスープ
71 大葉とバナナのきな粉牛乳	61 枝豆のフィナンシェ	87 枝豆の冷製ポタージュ
73 ブルーベリーとにんじんのミルクジュース	67 キウイと小松菜のグリーンジュース	
85 春雨とキムチのスープ	73 ブルーベリーとにんじんのミルクジュース	**むくみ解消**
	78 カリフラワーのポタージュ	18 丸ごと！ズッキーニ
代謝UP	82 ふんわりれんこんスープ	44 サーモンサンドとブロッコリーの ランチセット
12 春野菜のHOTサラダ	84 かぶと干しえびの中華スープ	56 ふわふわオムライスとオニオンサラダ
12 ピザ風新玉ねぎ		70 イチゴとラズベリー、 かぶのヨーグルトドリンク
26 きのこたっぷり明太子パスタ	**リラックス**	84 かぶと干しえびの中華スープ
30 玉ねぎのチリソース炒め	10 揚げじゃがのバジルソース	
38 れんこんのきんぴら	20 とうもろこしのクリーミーコロッケ	**眼精疲労**
46 炊き込みご飯とおひたしの和風弁当	28 さつまいものハニーマスタードあえ	22 なすのタルタルサラダ
54 ミニかぼちゃのグラタンと夏野菜のサラダ	30 玉ねぎのチリソース炒め	54 ミニかぼちゃのグラタンと夏野菜のサラダ
72 りんごとにんじん、 カリフラワーの豆乳ジュース	34 たっぷりにらのナシゴレン	73 ブルーベリーとにんじんのミルクジュース
78 カリフラワーのポタージュ	36 セロリとりんごの シャキシャキヨーグルトサラダ	85 春雨とキムチのスープ
79 きゃべつとソーセージのスープ	46 炊き込みご飯とおひたしの和風弁当	
83 レタスの豆乳スープ	69 さつまいもとオレンジパプリカの オレンジジュースMIX	**血行促進**
86 豚汁	72 レタスとりんごジュースの さっぱりドリンク	22 かぼちゃのサラダ
	79 きゃべつとソーセージのスープ	38 ほうれん草の黒ごまあえ
疲労回復	83 レタスの豆乳スープ	58 パンプキンプリン
10 揚げじゃがのバジルソース		
12 春野菜のHOTサラダ	**貧血予防**	**冷え防止**
12 ピザ風新玉ねぎ	10 菜の花の辛子あえ	34 たっぷりにらのナシゴレン
14 アスパラガスのチーズ春巻き	38 ほうれん草の黒ごまあえ	56 ふわふわオムライスとオニオンサラダ
20 とうもろこしのクリーミーコロッケ	44 サーモンサンドとブロッコリーの ランチセット	82 ふんわりれんこんスープ
22 かぼちゃのサラダ	50 玄米おにぎりとひじきの煮物のお弁当	
30 玉ねぎのチリソース炒め	80 クラムチャウダー	
36 セロリとりんごの シャキシャキヨーグルトサラダ	87 枝豆の冷製ポタージュ	
38 れんこんのきんぴら		

STAFF

企画・制作	株式会社アイディエフ
レシピ制作・監修	友野なお
編集	坂口歴(株式会社アイディエフ)
	引地真理子(株式会社アイディエフ)
撮影	寺田恵一
ヘアメイク	福沢京子(Image)
スタイリング(人物)	野村和世
フードスタイリング	鈴木亜希子
デザイン	松田聡(株式会社アイディエフ)
調理アシスタント	和田沙希
マネージメント	鈴木智子(イアラ)

【撮影協力】
AMCクッキングスタジオ

【食材提供】
ナチュラルハウス
福岡農業株式会社
正田醤油株式会社
日新製糖株式会社
リボン食品株式会社
マルカン酢株式会社
伊豆自然郷
キユーピー株式会社
昭和産業株式会社

【スパイスコーディネーション】
名倉詩子

【衣装協力】
gelato piqueルミネ新宿2店(03-3345-7103)
gelato pique梅田エスト店(06-6372-1365)
ローラ アシュレイ ジャパン(03-5474-2642)
deicy 代官山店(03-5728-6718)
MERCURYDUO(06-6245-3815)

キレイを磨く!
美香のビューティ 野菜レシピ

2009年10月24日　第1刷発行
2009年11月7日　第2刷発行

著者	美香
発行者	篠﨑雅弘
発行所	株式会社INFASパブリケーションズ
	〒106-0031　東京都港区西麻布3-24-20・7F
	電話　編集部03-5786-0683／販売部03-5786-0725
	http://www.infaspub.co.jp
編集	上野建司／品川亮
販売	三浦彰／永松哲治
印刷・製本	牟禮印刷株式会社

本書の無断転載・複製を禁じます。乱丁・落丁本はお取り替えいたします。定価はカバーに表示しています。